그래도
웃어보세요

그래도 웃어보세요

웃는 자가 이긴다!

| 하근수 지음 |

> 그래도 웃어보세요!

경기연회 감독 선거가 끝난 뒤 개표결과를 기다리며 몇몇 성도님들과 한쪽 의자에 앉아 있었습니다. 상대편 사람들은 모두 로비를 가득 메우고 있었는데, 그쪽에서 박수 소리가 들리는 듯하더니 우리 목사님이 앞에 오셔서 "안 됐는가 보다!"라고 하셨습니다. 그래도 실낱같은 바람이 있어 "정말 그런가요?"라고 되물었습니다.

그때 로비에서 상대편 쪽 사람들의 박수 소리가 커지면서 환호성이 들렸습니다.

아! 졌을 때 그 허탈한 느낌은 말할 수 없었습니다.

오전 10시부터 오후 5시까지 천 명이 넘는 투표하러 오신 분들에게 인사할 때도 전혀 힘들지 않았었는데, 순간 맥이 탁 풀리는 것 같았습니다. 내 마음이 이런데 우리 목사님 마음은 어떠실까 짐작할 수도 없었습니다.

그러나 잠시 후 어디서 오는지 모를 평안함이 밀려왔습니다. 그리

이긴다!

고 상대방에게 마음껏 박수를 보냈습니다. 우리 목사님도 당선되신 목사님을 힘껏 안아주고 손을 들어주고 함박웃음 지으며 축하 인사를 전했습니다. 많이 힘드셨을 텐데 그런 멋진 모습 보여준 목사님이 참 존경스러웠습니다. 오히려 우리를 돕던 많은 분들이 걱정해주고 몇몇 분들은 잠시 해외라도 나가서 쉬었다 오시는 게 어떠냐고 목사님을 챙겨 주셨습니다.

참 고맙고도 감사했습니다. 말씀으로 전화와 문자로 위로해주시고 안아 주고 토닥여주었습니다. 그런 분들의 위로가 마음속에 깊이 스며들며 다시 일어설 수 있는 힘을 주셨습니다.

그러나 우리 교회에서 새벽예배 드리며 말씀 듣고 찬양하는 것보다 더 큰 위로와 평안과 쉼을 얻을 수는 없습니다.

선거 다음 날 새벽예배 때 목사님이 강단에서 외국 멀리 있는 대학생 아들이 보내 준 문자를 읽을 때 감사의 눈물이 흘렀습니다.

"감독 목사님의 아들보다 진심으로 상대 목사님을 축하해 줄 수 있는 아버지의 아들이란 게 더욱더 자랑스럽습니다.

아버지도 사람이라 마음이 상한 순간도 많이 있었겠고 앞으로도 더 힘들 수 있겠지만, 하나님이 저희보다 더 잘 아시고 더 나은 길로 인도해주시는 것처럼, 힘든 시간도 감사하며 잘 감당할 수 있는 아버지가 되길 기도하겠습니다. 사랑합니다."

참 행복한 마음으로 지난 1년간을 돌아보았습니다. 절제하고 금식하며 기도했고 말씀을 보고 들으며 성경을 세 번 넘게 통독했습니다. 하나님께 가까이 하며 찬양과 기도를 올려드렸고 더욱 절실하게 주님의 도우심을 간구했습니다.

6아무것도 염려하지 말고 다만 모든 일에 기도와 간

구로 너희 구할 것을 감사함으로 하나님께 아뢰라 7 그리하면 모든 지각에 뛰어난 하나님의 평강이 그리스도 예수 안에서 너희 마음과 생각을 지키시리라

빌 4:6-7

하나님은 말씀으로 힘을 주시고 평안함을 주셨습니다. 목사님은 선거 기간 동안 행복하게 최선을 다했고, 어려운 교회들을 방문하면서 많은 것을 보고 듣고 느꼈다고 했습니다. 여러 목사님들과 평신도들을 만나면서 이런 기회를 주신 하나님께 감사하고, 연회를 돌아보고 어떻게 섬길 수 있을까를 고민하며 그 모든 것이 감사했다고 하셨습니다. 그런 모든 과정들이 당선되지 않았다고 해서 없어지는 것은 아니라고 생각합니다. 성도님들이 사랑으로 응원해주시고 기도의 시간들을 쌓으며 힘을 실어주신 모든 것들도 결코 헛되지는 않다고 생각

합니다.

목사님이 늘 말씀하시던 "그래도 웃어보세요!" 그 말이 어느 때보다 더욱 절절하게 마음에 와닿았습니다. 힘든 상황에서도 웃으니까 기쁨이 생겼습니다.

내일부터 있을 새벽기도 총진군이 기대됩니다. "그래도 웃어보세요!", "항상 기뻐하라!"를 되뇌며 새벽길을 걸을 것입니다. 주님의 말씀에 큰 위로를 받을 것입니다.

> 우리가 알거니와 하나님을 사랑하는 자 곧 그의 뜻대로 부르심을 입은 자들에게는 모든 것이 합력하여 선을 이루느니라 **롬 8:28**

말씀처럼 하나님의 때에 좋은 열매들로 우리 교회와 목사님에게 가

> **웃는 자가 이긴다!**

득 채워주실 줄 믿습니다.

  여기까지 인도해주신 하나님께 감사드립니다. 그리고 사랑과 수고를 아끼지 않으시고 도와주시고 기도로 응원해주신 모든 성도님들께 진심으로 감사드리며, 주님 안에서 늘 평안하고 행복하시길 바랍니다. "그래도 웃어보세요!"

동탄시온교회 박정화 사모

프롤로그

"그래도 웃어보세요!"
"웃는 자가 이긴다!"

제가 목회에서 가장 중요하게 강조했던 것은 '인사만 잘해도 먹고는 산다' 입니다. 저는 교회 현수막에, 교회 차량에 '인사만 잘해도 먹고는 산다'를 새겨 넣어 모든 성도가 공유하도록 하였습니다. 모든 성도가 서로 인사로 환영하고 교제하며 연약한 자들을 돌보고 복음을 전하기를 원했기 때문입니다. 하지만 인사를 강조하는 것만으로는 인사 목회를 수행할 수 없었습니다. 그것은 인사를 완성하는 가장 중요한 요소가 웃음이기 때문입니다. 사람들은 웃음이 없는 인사를 거짓으로 여기고 인정하려 하지 않습니다. 그래서 저는 '그래도 웃어보세요'와 '웃는 자가 이긴다'를 중요한 목회 철학으로 공유하였습니다.

웃음은 우리가 하나님의 자녀라는 자부심이요, 하나님의 자녀로서 성숙의 지표입니다. 또한 웃음은 성도들의 인사와 섬김을 강화시키며 완성시키는 가장 중요한 척도입니다. 웃음이 함께하지 않은 인사와 섬김과 전도는 누구도 진심으로 여기지 않습니다. 그렇기 때문에 웃음은 성도의 핵심이라 할 수 있습니다.

'그래도 웃어보세요'라는 말을 지금까지 제가 겪어왔던 목회 경험

에서 우러나온 고백입니다. 월세방에 살면서 행복할 수 없다면 자기 집을 마련해도 행복할 수 없습니다. 월세방에서 행복할 수 있다면 전세방에서도, 자기 집을 마련해서도 행복할 수 있는 것입니다. 저는 개척교회를 하면서도 행복했습니다. 교회가 지하에 있을 때도, 상가에 있을 때도 행복했습니다. 10명의 성도가 출석했을 때도, 100명의 성도가 출석하게 되었을 때도, 후에 3,000명의 성도가 출석하게 되었을 때도 행복했습니다. 저의 30년 목회 기간 동안 늘 행복했습니다.

지하에서 10명의 성도들이 모여 예배드리고 같이 끓여 먹었던 구수한 국수 맛이 지금도 잊히지 않습니다. 우리는 행복했습니다. 함께 웃고 즐겼습니다. 비록 습기가 차고 곰팡이 냄새가 나는 곳이었지만 우리에게는 기쁨이 가득 찬 은혜의 장소였습니다. 봉고차 한 대로 전교인 야외예배를 다녀왔고, 제부도에서 3박 4일 수련회를 하였습니다. 저는 그때도 행복했고 지금도 행복합니다.

저는 성도님들에게 이런 말로 강조합니다. "하나님이 만드신 경치 중에서 가장 아름다운 것은 웃는 얼굴이다."라고 말입니다. 웃는 얼굴은 나이와 상관없이 아름답습니다. 웃는 얼굴에 침 뱉을 수 있는 사람은 없습니다.

 '그래도 웃어보세요'는 성도들이 하나님의 자녀로서 반드시 얻게 될 승리를 바라보게 하는 격려입니다. 전능하신 하나님이 우리의 아버지가 되시니 우리에게 두려울 것이 없습니다. 하나님이 보호하시고 인도하십니다. 우리가 머물고 있는 세상이 우리에게 행복만을 주지 않습니다. 때론 아픔과 슬픔을, 때론 실망과 절망을 안겨줍니다. 우리가 힘을 얻을 수 있는 분이 없다면, 언젠가는 반드시 승리할 것이라는 확신이 없다면, 우리의 삶은 언제나 고난이라고 밖에 할 수 없습니다. 하지만 우리에게는 하나님이 계십니다. 그렇기 때문에 저는 성도님들에게 웃으라고 말할 수 있는 것입니다. 제가 이 말을 성도님들과 함께 나눌 때 성도님들은 세상에서 어떤 고난이 오더라도, 때로는 손해를 보고 억울한 일을 당하더라도 '웃는 자가 이긴다'는 확신을 갖고 웃음으로 모든 상황에 대응할 수 있었던 것입니다.

 또한 '그래도 웃어보세요'는 그리스도인의 역설적인 모습을 나누기 위한 가르침이었습니다. 우리는 세상에 맞서 분명히 동일한 분노로 되갚아 줄 수 있습니다. 우리도 눈에는 눈으로, 이에는 이로 갚을 수 있습니다. 오른편 뺨을 때린 사람에게 동일하게 오른편 뺨을 때리며 그에게 모욕을 안겨 줄 수 있습니다. 소송하여 속옷을 가지려는 자에게 되갚아 그의 속옷까지 빼앗을 수 있습니다. 억지로 오리를 가자고 할 때 강력하게 항의할 수 있습니다. 구하는 자에게 거절하며 원수를 미워할 수 있습니다. 하지만 우리는 그리스도인입니다. 용서하고 사랑하라는 예수님의 말씀에 순종하고자 하는 예수님의 제자입니다. 세상이 악하게 우리를 대할 때 우리의 승리의 모습은 웃음입니다. 그래서 모든 성도들에게 '그래도 웃어보세요'를 가르치고 어떤 환경 가운데서도 웃도록 하였던 것입니다.

  이 땅에서 우리는 결코 홀로가 아닙니다. 사랑하는 성도들이 있으며 하나님의 보호가 있습니다. 예수님이 우리를 바라보시며 하나님 우편에서 우리를 위해 간구하십니다. 성령님이 우리 안에서 힘을 다해 도우십니다. 그리고 우리에게는 영원한 하나님 나라가 기다리고 있습니다. 우리는 웃음으로 세상에 복음을 전하고 연약한 자를 도울 수 있습니다. 이것이 우리의 사명입니다.

웃음은 그리스도인들만이 짓는 우스운 행동이 아닙니다. 웃음은 많은 것을 담고 있습니다. 웃음 안에는 평안, 신뢰, 친절, 호감, 긍정, 겸손이 들어 있습니다. 그렇기 때문에 동서양을 불문하고 "웃으면 복이 온다"는 것을 진리로 말합니다. 웃음은 편견과 핍박과 고난과 죽음을 뛰어넘는 능력을 갖고 있습니다. 성경은 항상 기뻐하라고 가르칩니다.

> 16 항상 기뻐하라 17 쉬지 말고 기도하라 18 범사에 감사하라 이것이 그리스도 예수 안에서 너희를 향하신 하나님의 뜻이니라 살전 5:16-18

저는 하나님이 우리에게 주신 이 웃음을 널리 알리고, 실천하도록 권하고 싶습니다. 하나님은 자녀인 우리들이 하나님 안에서 기뻐하며 행복하게 살기를 원하십니다. 그 기쁨과 행복은 바로 웃음을 통해 밖으로 나타납니다. 웃음이란 쉬우면서도 실천하기 어려운 숙제이기도 합니다. 우리의 삶이 웃음을 용납하지 못하기 때문입니다. 때로는 삶이, 때로는 우리의 상황이, 때로는 우리의 건강이 웃음을 얼어붙게 하지만 그리스도인은 웃음을 사명으로 갖고 있습니다. 우리가 그리스도인으로서 어떤 상황 가운데서도 웃게 하시는 그리스도의 능력과 은혜를 체험하게 된다면 우리는 모든 사람들에게 그리스도의 사랑과 은혜를 전하는 웃음의 전도사가 될 수 있을 것입니다.

부디 본서를 통해 우리의 삶을 하나님이 기뻐하시는 웃음의 삶이 될 수 있도록 결단하며, 실천하기를 소망합니다. 주님은 우리에게 감당할 수 있는 능력을 주실 것입니다.

"그래도 웃어보세요!", "웃는 자가 이긴다!"

하근수 목사

차례

프롤로그   10

1장 웃으면 복이 온다   19
하나님의 웃음 | 하나님이 주시는 웃음의 효능 | 하나님은 우리의 자랑 | 웃음이 주는 놀라운 변화

2장 하나님이 웃게 하신다   35
의심의 위기 | 긴 인내의 시련:하나님의 침묵 | 한계를 넘게 하시는 하나님 | 웃게 하시는 하나님 | 신앙의 척도, 웃음

3장 항상 기뻐하라   51
항상 기뻐하라 | 고난 가운데 드리는 감사 | 기쁨의 조건 1. '쉬지 말고 기도하라' | 기쁨의 조건 2. '범사에 감사하라' | 기쁨의 일상화 | 기쁨의 전이성

4장 여유와 감사로 승부하라   69
계산으로 이길 수 없다 | 화목을 목표로 하라 | 눈에 보이는 것이 다가 아니다 | 선택의 기준을 바로 정하라 | 하나님이 보상이다 | 여유와 감사를 선택하라 | 감사는 선택이다

5장 기쁨을 고백하라   89
고백이 우선이다 | 감정은 이후의 문제이다 | 행동은 감정을 인도한다 | 믿음으로 기쁨을 고백하라

6장 그래도 웃어보세요   107

스스로 자학하지 마라 | 하나님의 섭리를 바라보라 | 염려하지 마라 | 웃게 하시는 하나님 | 그러므로 인내하라

7장 하늘의 상급을 바라보라   127

심령이 가난할 때의 행복 | 애통할 때의 행복 | 온유할 때의 행복 | 의에 주리고 목마를 때의 행복 | 하늘의 웃음으로

8장 웃는 자가 이긴다   145

고난의 원인에 집중하지 마라 | 사람이 아닌 하나님을 소망하라 | 하나님이 판결하신다 | 고난은 우리를 웃음으로 인도한다 | 승리의 웃음을 웃어라

9장 어떠하든지 웃어라   161

침묵하고 계신 하나님 | 인내를 요청하시는 하나님 | 오직 믿음으로 살라 | 주 안에서 즐거워하라 | '어떠하든지'의 믿음

10장 천국을 바라보며 웃어라   181

상황을 뛰어넘어라 | 주님을 위하라 | 하늘을 바라보라 | 주님이 예비하신 상급을 바라보라

11장 웃음을 실천하라   199

하나님 안에 거하라 | 하나님의 주권을 확신하라 | 웃음을 실천하라 | 영원한 웃음으로 웃어라

에필로그   214

1장

웃으면 복이 온다

Be joyful always; pray continually; give thanks in all circumstances.

요한복음
15:11

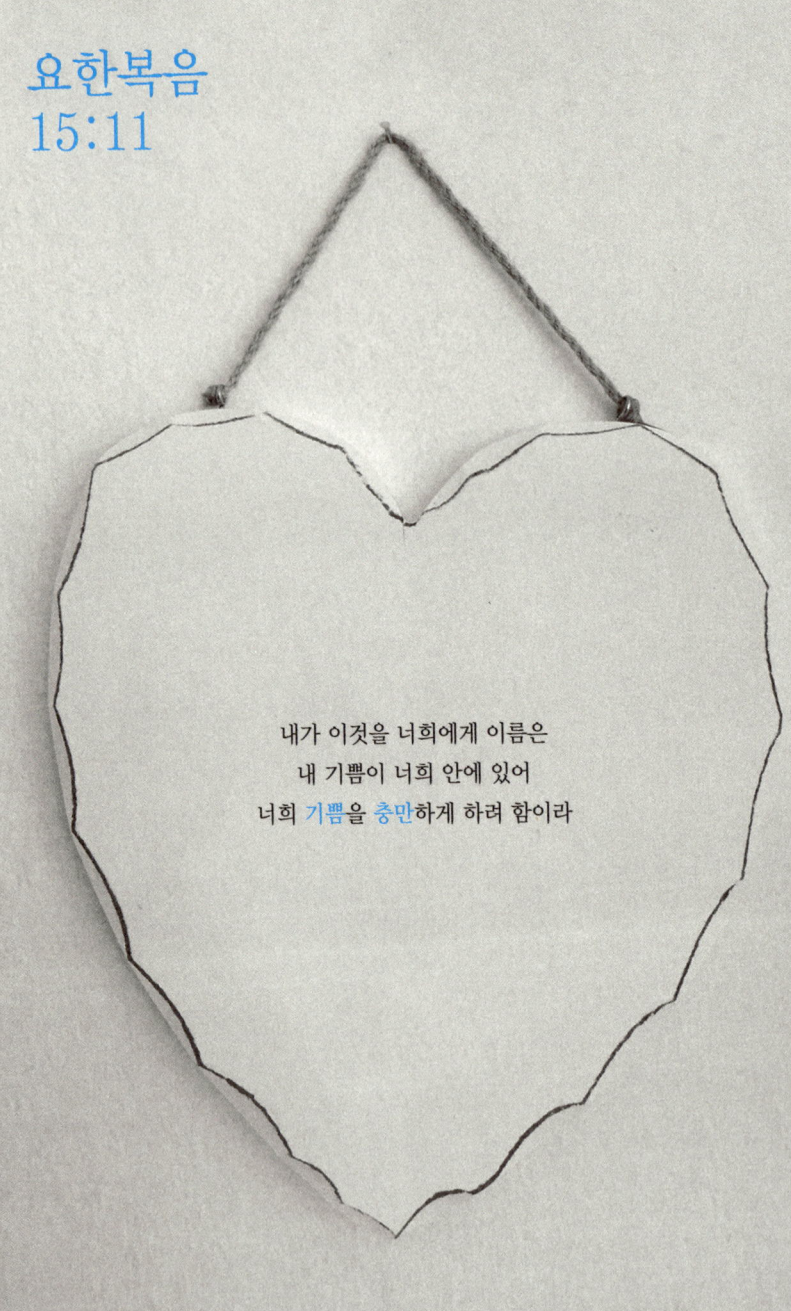

내가 이것을 너희에게 이름은
내 기쁨이 너희 안에 있어
너희 기쁨을 충만하게 하려 함이라

01

웃음은 하나님이 주신 선물입니다. 웃음은 기쁨과 안정과 치유와 회복을 제공합니다. 그래서 사람들은 즐거움을 웃음으로 표현하고, 웃음 가운데 상처받은 마음을 치유하며, 웃음으로 마음의 벽을 허물어 버립니다. 웃음의 효과는 강력합니다. 그만큼 중요하기 때문에 웃음을 '복'이라고 말하고, 사회생활에서 없어서는 안 된다고 말합니다. 사람들은 웃음이 주는 활력에 주의를 기울여, 웃음을 주는 사람을 긍정적으로 인정합니다.

저는 『마음이 기쁘면 몸이 춤춘다』라는 책에서 다음과 같은 재미있는 에피소드를 읽었습니다.

> 노동자 출신이었던 호퍼는 일용직 자리라도 얻으려고 LA의 무료직업소를 찾아갔다. 그는 자신을 부르기를 간절히 기다렸지만 하루 500여 명이 몰려 있어서 하늘의 별 따기처럼 어려웠다. 그때 호퍼는 일자리를 얻은 사람의 표정을 관찰하며 무릎을 쳤다. 너나없이 밝은 표정을 지은 사람이라는 것을 알아차린 것이다.

호퍼는 다음 날 일찍 나와 일자리를 얻으러 온 사람이 아닌 것처럼 싱글싱글 웃고 있었다. 그때 면접관이 그를 가리키며 말했다. "저 뒤에 웃고 있는 사람 앞으로 나오세요."[1]

웃음은 자신의 가치를 높이는 지름길입니다. 웃는 사람을 거절할 사람이 어디 있을까요? 사람들은 누구나 웃는 사람에게 호감을 갖기 마련입니다. 일자리를 얻고 싶어 누구나 절실한 표정을 지을 수밖에 없는 상황에서도 밝게 웃어야 합니다. 면접관이 원했던 것은 웃음에서 나오는 자신감과 여유였던 것입니다. 이렇듯 웃음은 좋은 인상과 함께 자신을 소개하는 가장 좋은 수단이 됩니다. 어디서나 웃음을 잃지 않는 사람은 다른 사람들에게 큰 신뢰를 줍니다. 따라서 웃음은 새로운 기회를 제공하는 기초라고 할 수도 있습니다.

그렇다면 이처럼 유용한 '웃음'은 어디에서 왔을까요? 우리는 그 웃음의 기원을 천지를 창조하신 하나님께로부터 찾을 수 있습니다.

하나님의 웃음

[1] 태초에 하나님이 천지를 창조하시니라 [2] 땅이 혼돈

---

1. 이상헌, 『마음이 기쁘면 몸이 춤춘다』 (서울: 현문미디어, 2016). p.37.

하고 공허하며 흑암이 깊음 위에 있고 하나님의 영
은 수면 위에 운행하시니라 3 하나님이 이르시되 빛
이 있으라 하시니 빛이 있었고 4 빛이 하나님이 보시
기에 좋았더라 하나님이 빛과 어둠을 나누사 5 하나
님이 빛을 낮이라 부르시고 어둠을 밤이라 부르시니
라 저녁이 되고 아침이 되니 이는 첫째 날이니라

창 1:1-5

하나님이 천지를 창조하시기 전에 땅은 혼돈하고 공허하며 흑암이 깊음 위에 있었습니다(창 1:1). 아무것도 보이지 않는 절망만 가득한 이곳에 하나님은 빛을 명하셨습니다. 빛의 근원이 창조된 것입니다. 하나님은 세상을 비추는 빛으로 낮과 밤을 구분하게 하셨습니다. 성경은 이때 빛이 하나님이 보시기에 좋았다고 기록합니다(창 1:2). 여기서 '좋았다'고 말씀하신 단어는 히브리어로 '토브'입니다. 이는 '즐거움', '기쁨', '선한'이라는 뜻으로서 가장 좋은 최상의 상태인 즐거움과 기쁨을 나타냅니다. 하나님은 천지 만물을 창조하신 후에 아름다움에 감격하여 그 기쁨을 표현하셨던 것입니다. 이와 같은 하나님의 기쁨을 우리는 호탕한 웃음이라고 할 수 있습니다. 하나님이 창조하신 빛이 얼마나 아름다웠으면 이를 보고 세상에서 말할 수 있는 가장 큰 즐거움과 기쁨의 단어를 사용하였을까요? 하나님은 하나님이 원하시는 뜻에 따라 창조된 모든 것들을 보시고 '좋았다'라고 말씀하셨습니다. 하나님은 창조 기간 동안 이 '좋았더라'라는 말씀을 계속해서 되풀이 하셨습니다(창 1:4, 10, 12, 18, 21, 25). 그리고 마지막 엿새에 사람을 창조하신 후에는 그 기쁨이 최고조가 되었습니다. 성경은 "하나님이 지으신 그 모든 것을 보시니 보시기에 심히 좋았더라"(창 1:31)고 표현합니다.

하나님은 웃음의 창조자이십니다. 하나님은 세상 만물을 선하게 창조하시고 이들이 질서 가운데 운행하는 모습을 보시며 웃음으로 그 기쁨과 즐거움을 표현하셨습니다. 우리 역시 하나님의 뜻에 따라 살아갈 때 하나님의 기쁨이 됩니다. 하나님이 웃음을 창조하신 분이시니 웃음 또한 하나님 사람의 기본 성품이라 할 수 있습니다. 그러므로 우리는 하나님과의 만남과 예배드림을 기뻐하고, 큰 웃음 가운데 교제해야 할 것입니다.

여호와를 가까이 함이 내게 복이라 시 73:28

하나님이 주시는 웃음의 효능

¹ 내 의의 하나님이여 내가 부를 때에 응답하소서 곤

> 란 중에 나를 너그럽게 하셨사오니 내게 은혜를 베푸사 나의 기도를 들으소서 … 7주께서 내 마음에 두신 기쁨은 그들의 곡식과 새 포도주가 풍성할 때보다 더하니이다 8내가 평안히 눕고 자기도 하리니 나를 안전히 살게 하시는 이는 오직 여호와이시니이다
>
> 시 4:1, 7-8

하나님이 직접 주시는 웃음의 효능은 어떠할까요? 일반적으로 우리가 알고 있는 웃음의 효능만 해도 상당합니다. '웃음이 우리에게 미치는 좋은 영향' 이라는 글에 따르면 웃음은 "면역 체계 강화, 통증 완화, 우울증 감소, 장수, 성공으로 가는 지름길, 관계 강화, 다이어트, 운동효과, 호흡개선, 심장 건강"의 10가지 효과를 가지고 있다고 합니다.[2] 따라서 사람들은 웃음을 얻기 위해 재미있는 프로그램을 보기도 하고, 모임에 나가기도 합니다. 하지만 우리는 하나님이 주시는 놀라운 웃음의 능력을 소유하고 있습니다. 이것은 말로 쉽게 표현하기 어렵습니다.

시편 4편은 두려움이 가득 찬 고난의 상황을 나타냅니다. 시인은 하나님을 '내 의의 하나님' (1절)이라는 독특한 호칭으로 부릅니다. 이와 같은 호칭은 시인에게 무죄함을 밝혀야 하는 어려움이 있음을 의

---
2. "웃음이 우리에게 미치는 좋은 영향", https://brunch.co.kr/@sweetway/123

미합니다. 시인은 자신의 무죄를 밝혀야 하는 어려움을 당하게 되자 다급하게 하나님을 부릅니다. 그는 얼마나 절박한지 하나님을 절실하게 부릅니다. "내가 부를 때에 응답하소서"(1절). 시인은 지금 하나님이 당장 응답하지 않으시면 목숨을 잃게 되는 절체절명(絶體絶命)의 위기를 맞이한 것입니다. 시인은 얼마나 위급한지 자신이 받은 마음의 상처와 받은 굴욕과 모욕을 고백합니다. 시인은 더 이상 물러날 곳이 없습니다. 그의 얼굴에는 죽음과 같은 두려움과 처절한 고통만이 남아 있습니다.

하나님을 구하던 시인은 이때 큰 은혜를 체험합니다. 하나님이 그의 마음에 기쁨을 주신 것입니다. 시인은 위기의 상황을 맞아 오히려 평안하며 기쁨이 넘치는 자신의 마음을 발견합니다. 하나님은 위기 가운데서 오히려 하나님의 얼굴을 구하였던 그에게 문제 해결에 앞서 평안을 주셨습니다. 여기서 놀라운 것은 다음의 7-8절입니다.

> 7 주께서 내 마음에 두신 기쁨은 그들의 곡식과 새 포도주가 풍성할 때보다 더하니이다 8 내가 평안히 눕고 자기도 하리니 나를 안전히 살게 하시는 이는 오직 여호와이시니이다 시 4:7-8

하나님이 주신 웃음으로 시인 안에 있었던 모든 근심과 두려움이 사라져 버렸습니다. 두려움이 우리를 사로잡고 있을 때 우리는 결코 평안한 잠자리를 가질 수 없습니다. 불안은 우리 마음을 공격하여 깊은 잠을 이루지 못하게 합니다. 잠이 들었다가도 금방 악몽에 벌떡 일어나야 합니다. 신경은 예민해지고 숨쉬기가 점점 어려워집니다.

하지만 하나님의 얼굴을 구하였던 시인에게 신비한 일이 일어났습니다. 지금까지 억누르던 모든 두려움과 압력이 사라져 버렸던 것입니다. 죽을 것 같은 메마른 마음이, 죽고 싶은 두려움과 고통이 사라졌습니다. 마음의 쓰라린 상처에 두꺼운 은혜의 보호막이 생겼습니다.

이제 시인은 분명하게 웃을 수 있습니다. 하나님이 그의 마음에 평안함을 주심으로, 분명 하나님이 모든 문제를 해결해 주실 것임을 확신하게 하셨기 때문입니다. 이제 시인의 마음은 하나님을 향한 기쁨만으로 가득합니다. 그 누구도 빼앗을 수 없는 기쁨으로 얼굴에 미소가 가득 차게 됩니다. 환한 웃음소리가 그와 함께 합니다. 그 기쁨은 곡식과 새 포도주를 풍성히 거둘 때보다 더합니다. 그에게 밤의 두려움은 더 이상 존재하지 않습니다. 입에는 찬양이 함께 합니다. 이처럼 하나님이 주시는 웃음의 효능은 어떤 상황에서도 평안으로 대처할 수 있는 능력이 됩니다.

하나님은 우리의 자랑

> 내 영혼이 여호와를 자랑하리니 곤고한 자들이 이를 듣고 기뻐하리로다 시 34:2

기쁨의 근원이신 하나님이 함께하신다는 사실은 우리에게 큰 위로이자 힘입니다. 하나님이 함께 계시는 한 우리는 더 이상 두렵지 않습니다. 아무리 큰 폭풍우도, 아무리 거대한 지진도 감히 하나님을 맞서지 못합니다. 하나님과 함께하는 우리를 해할 수 있는 것은 아무것도 없습니다. 우리가 이와 같은 확신을 갖고 있을 때 우리는 어느 곳에 있든지, 어디를 가든지 어떤 상황을 만나든지 모든 것을 평안과 웃음으로 대할 수 있습니다.

우리가 기쁨의 근원이신 하나님을 체험할 때 우리는 우리가 가진 존재의 모든 것으로 하나님을 자랑하고 하나님께 감사와 영광을 돌리게 됩니다. 우리의 변화된 삶은 바로 우리의 자랑입니다. 하나님이 함께하는 사람은 이전과 다른 새로움이 언제나 함께 합니다. 끊임없이 샘솟는 웃음이 우리와 함께하기에 모든 사람의 이목이 집중됩니다. 우리의 변화된 소식은 듣는 모든 사람들로 하여금 하나님께 영광을 돌리게 합니다.

하나님은 웃음의 근원이십니다. 하나님을 바라보며 섬기는 우리가 하나님의 기쁨으로 가득 차게 되는 것은 너무나 당연합니다. 나를 향한 하나님의 사랑은 크고 위대합니다. 하나님께는 부족함이 없으며, 평안과 즐거움이 가득합니다. 우리가 하나님만을 섬길 때, 천지를 창조하시고 모든 사물을 보시며 좋았더라고 하신 그 놀라운 하나님의 웃음이 우리 안에 넘치게 될 것입니다.

웃음이 주는 놀라운 변화

하나님이 우리에게 주시는 웃음은 환경을 뛰어넘게 합니다. 그렇기 때문에 저는 성도님들에게 언제나 강조합니다. "우리는 그리스도의 향기입니다. 그래도 웃어보세요." 이 말은 우리가 웃음을 사명으로 여기며 그리스도의 향기를 전해야 한다는 의미입니다. 저의 이 메시지는 성도들로 하여금 어떤 일을 하건 한결같은 인사와 미소로 다른 이를 대하게 하는 격려가 됩니다.

제가 성도님들에게 인사에 관한 간증을 요청했을 때 저에게 편지를 주신 김진숙 집사님의 간증을 다시 소개해 드리고자 합니다.

애들을 키워놓고 학원비라도 보탤까하여 시립어린이집에 보조 선생님으로 취업을 했습니다. 업무도 많고 무겁게 침체되어 보이는 어린이집 분위기를 느끼며… 평소 목사님의 말씀인 '인사만 잘 해도 먹고는 산다'는 말씀을 실천해 보고자 출근해서는 물론이고 바쁘게 업무를 진행하는 중에 부딪히며 만나는 선생님들께도 열심히 웃으며 몇 번이고 인사를 했습니다. 가끔은 쉴 새 없이 인사하는 모습에 "왜 저래" 하는 시선도 느껴졌지만 굴하지 않고 한결같은 인사와 미소에 힘썼습니다. 그러던 중 원장님이 김진숙 선생님은 웃으면서 인사를 잘하니 아이들을 맞이하는 업무를 담당해 달라고 하셨습니다. 그래서 저는 131명의 원아들을 맞이하는 업무를 하게 되었습니다.

가끔은 웃으며 인사하느라 얼굴에 경련이 날 것 같은 날도 있지만 "그리스도의 향기, 그래도 웃어보세요" 하는 목사님 말씀이 생각나 이겨내며 정복해 갑니다!

처음에 각오했던 것처럼 "내가 이곳에 있는 한 가장 많이 웃는 사람, 언제나 환하게 웃으며 인사하여 어린이집을 환하게 하리라"라는 다짐을 실천해 봅니다. 교회의 표어이자 목사님의 비전인 인사와 관련된 철학과 가르침이 아니었다면 단순한 업무로만 그쳤겠지만 기도하고, 다짐하며, 목사님의 말씀을 품고 실천하던 중 얻은 업무이기에 큰 기쁨과 감사함으로 일하고 있습니다. 저의 업무는 작은 일이지만 저의 마음속에는 목사님의 가르침으로 가

득 차 저를 이끌어 가고 있음을 고백합니다.[3]

그렇습니다. 웃음은 하나님의 것입니다. 이 웃음으로 사는 삶은 하나님을 전하며 그리스도의 향기를 나타내는 진정한 그리스도인의 삶이라 할 수 있습니다. 어떤 고난과 역경 가운데서도 그리스도인은 웃음을 잃지 말아야 합니다.

"그리스도의 향기, 그래도 웃어보세요"

---

3. 하근수, 『인사만 잘해도 먹고는 산다』 (서울: 교회성장연구소, 2018), pp.53-54.

웃는 사람이 최고의 미인

Be joyful always; pray continually; give thanks in all circumstances.

저는 자영업을 11년째 하고 있습니다. 누군가의 웃음으로 인해 덕을 보고 살아간다고 해도 과언이 아닙니다. 오늘 이야기의 주인공은 바로 저와 살고 있는 제 아내입니다.

저희는 함께 일하고 있어서 의견이 틀릴 때나 사소한 일로 얼굴을 붉힐 때가 종종 있습니다. 그럴 때면 공교롭게도 손님이 가게에 들어오십니다. 그때 제 아내의 반응이 참 대단합니다. 금방 전에 그 모습은 사라지고 언제 그랬냐는 듯이 환하게 웃으면서 응대하는 것을 보면 '저 사람이 프로구나' 하는 생각을 합니다. 저도 따라 해보려 하지만 제 굳어진 안면근육은 좀처럼 펴지지 않습니다. 어떨 때엔 그 감정이 손님한테도 옮겨가 후회한 적도 있습니다. 그런 때는 잠깐 가게 밖으로 나가 얼굴 근육을 부드럽게 하고 들어오는 게 상책입니다.

저희 동네에는 참 다양한 미인들이 참 많습니다. 가끔씩 저희 부부는 동네 7대 미인에 대해 이야기를 나누곤 합니다. 저분은 키가 크고 늘씬한 미인, 저분은 얼굴이 동그랗고 참한 미인, 저분은 웃을 때 예쁘신 미인, 저분은 말을 참 예쁘게 하시는 분… 이렇게 다양한 미인

분들 중 으뜸은 웃는 얼굴이 예쁜 사람인 것 같습니다. 제가 7대 미인 중에 웃는 모습이 예쁜 자네가 1등이지 하고 지나가는 소리로 하면 싫지 않은 표정입니다.

사람 나이 오십 이후엔 자기 얼굴에 책임을 져야 한다고 합니다. 은혜 받은 사람의 얼굴이나 표정을 보면 평온하고 차분합니다. 미소 짓는 모습도 은혜롭습니다. 꽃 중에 제일 아름다운 꽃은 웃음꽃이라고 하지 않습니까.

웃는 얼굴에 침 못 뱉는다고, 우리들은 인생을 살아가면서 일상에서 서로 배려해주고, 자기 입장이 아닌 상대방의 입장이 되어서 살아가다 보면 감사하게 되고 그 감사가 밝은 웃음으로 이어지는 것 같습니다. '짧은 인생, 많이 웃고 즐겁게 살아가야겠다'고 다시금 다짐해 봅니다.

최동삼 성도

치유가 된 웃음

Be joyful always; pray continually; give thanks in all circumstances.

제가 '마음샘 정신 재활센터'에 처음 예배드리러 갔을 때는 웃음이 없었습니다. 저도 그들도 우린 서로가 다른 사람들이었습니다. 싸움닭처럼 인상을 쓰고 쳐다볼 때면 저는 얼른 눈을 피했습니다.

예배를 함께 드리며 억지웃음으로 한 달에 한 번 만났었습니다. 억지스런 웃음이 몇 년이 지난 지금은 서로 밝게 웃으며 안부인사도 하고 안아도 주고 서로 중보기도도 합니다. 몇 명 안 되었던 인원도 20~30명으로 모여 즐거이 예배드립니다. 이 모든 것이 '웃음' 덕분이라고 생각합니다. 새삼 목사님께서 늘 하시던 말씀이 생각납니다.

"그래도 웃어보세요."

김성희 집사

2장

하나님이 웃게 하신다

Be joyful always; pray continually; give thanks in all circumstances.

창세기
17:15-19

하나님이 또 아브라함에게 이르시되
네 아내 사래는 이름을 사래라 하지 말고 사라라 하라
내가 그에게 복을 주어 그가 네게 아들을 낳아 주게 하며
내가 그에게 복을 주어 그를 여러 민족의 어머니가 되게 하리니
민족의 여러 왕이 그에게서 나리라 아브라함이 엎드려 웃으며
마음속으로 이르되 백 세 된 사람이 어찌 자식을 낳을까
사라는 구십 세니 어찌 출산하리요 하고 아브라함이
이에 하나님께 아뢰되 이스마엘이나 하나님 앞에
살기를 원하나이다 하나님이 이르시되 아니라
네 아내 사라가 네게 아들을 낳으리니 너는
그 이름을 이삭이라 하라 내가 그와
내 언약을 세우리니 그의 후손에게
영원한 언약이 되리라

02

웃음은 때론 성숙의 기준으로 활용되기도 합니다. 그것은 성숙한 자만이 고난의 상황을 웃음으로 대할 수 있기 때문입니다.

토미 뉴베리는 『기쁨 충만한 삶의 비결 4:8』에서 '기쁨'을 이렇게 정의합니다.

> 기쁨은 하나님 안에서 성장함으로 얻는 열매다. 이 기쁨은 전염성이 강해서 도저히 억누를 수가 없다. 기쁨은 흔들리지 않는 굳은 믿음이며 하나님의 본성을 꾸준히 생각한 결과물이다. 또한 내면의 믿음을 밖으로 표현한 현상이자 행동 방식이요, 영적 성숙의 증거다.[4]

저는 '웃음'도 동일하게 믿음의 성장을 통해 얻을 수 있는 영적 성숙의 증거라고 말하고 싶습니다. 당장 눈앞에 아무런 희망이 보이지 않는데도 웃을 수 있는 사람은 이미 그 문제의 영향권을 넘은 사람이

---
4. 토미 뉴베리, 『기쁨 충만한 삶의 비결 4:8』 정성묵 역 (넥서스 cross, 2008), p.14.

라고 할 수 있습니다. 그는 성숙의 단계로 나아간 것입니다. 성숙은 오랜 연단의 결과입니다. 연단 가운데 성장된 믿음은 열매로 나타나며 이 열매가 우리 밖으로 나와 웃음이라는 결과를 만들어내는 것입니다. 그렇기 때문에 저는 웃음을 성숙의 결과라고 말하고 싶습니다. 오랜 연단을 통해 나타난 성숙의 열매로 어떤 상황 가운데서도 웃을 수 있게 되기 때문입니다.

창세기는 웃음을 잃어버린 한 가정을 소개합니다. 이들은 너무 간절히 바라고 바랐지만 그들의 가정에는 그의 이름을 전할 아들이 없었습니다. 세상 사람들이 하는 편법으로 아들을 갖기는 했지만 그 아들은 지금까지 하나님이 언약을 주셔서 인내로 기다린 아들이 아니었습니다. 위기의 연속인 이 가정에 진정한 웃음이 올 수 있을까요?

의심의 위기

우리 마음이 가장 크게 흔들릴 때는 의심이 중심을 차지할 때입니다. 아브라함은 철저히 하나님의 인도함 속에 살았습니다. 성경에 나타난 아브라함에 관한 소개는 하나님께 큰 약속을 받고 그가 가장 익숙했던 자신의 고향이요, 친족이 머물고 있던 아버지의 땅을 떠남에서 시작됩니다(창 12:1). 그는 하나님의 약속을 붙잡고 하나님이 보여

주시는 땅으로 갔습니다. 그는 하나님이 약속을 지키지 않으시면 망하는 일생일대의 모험을 시작한 것입니다.

낯선 곳에서 그의 유일한 의지는 하나님이었습니다. 그는 수많은 위기를 맞이합니다. 아무리 지혜가 뛰어나고 상황대처가 탁월하다 하더라도 낯선 곳에서는 홀로 이겨낼 수 없습니다. 하지만 그에게는 하나님이 계셨습니다. 하나님이 강력한 배경이 되어 주심으로 그는 모든 어려움을 이겨낼 수 있었습니다. 그가 얻은 명성과 재물도 하나님이 주신 놀라운 축복의 결과였습니다. 애굽에 들어갔다가 아내를 빼앗기는 위기를 맞았을 때 하나님은 그를 지켜 주시고 오히려 그 위기를 축복으로 전환시켜주셨습니다(창 12:10-20), 하나밖에 없는 조카 롯을 위해 감당해야 했던 전쟁의 위험에서도 하나님은 그의 마음을 지켜주심으로 담대하게 전투를 치르게 하셨고, 물질의 유혹에 빠지지 않게 하셨습니다(창 14:1-24). 하나님은 일생동안 그와 함께하셨습니다. 그의 삶은 하나님의 언약을 이루는 모든 과정이라 할 수 있습니다. 하나님의 언약이 그를 떠나지 않았습니다.

하지만 하나님의 언약이 이뤄지지 않은 것이 단 하나 있었습니다. 그것은 바로 후손이었습니다. 하나님은 그에게 별과 같은 후손을 주시겠다고 언약하셨고, 아브라함은 하나님이 능히 이루실 것이라고 확신했지만, 시간이 오래 지나자 그 확신은 점점 사라지게 되었습니다. 가나안 땅에 거한지 10년이 넘었지만 하나님은 응답해주시지 않았습니다(창 16:3). 왜 하나님은 그토록 오랜 시간 동안 기도에 응답해 주시지 않았을까요?

의심은 언제나 위기로 다가옵니다. 아담과 하와가 뱀의 유혹에 빠졌을 때 처음에 든 의심은 '설마 하나님이 선악과를 먹는다고 죽이실까?'였습니다. 그 의심은 이제 '우리가 선악과를 먹고 선악을 알게 되는 것을 시기하는 것은 아닐까?'로 이어졌습니다. 그들은 결국 뱀의 유혹에 굴복하고 선악과를 먹음으로 돌이킬 수 없는 죄악의 길로 갔던 것입니다(창 3장).

아브라함은 의심 가운데 절망하고 드디어 인간적인 해결책을 들고 나와 버렸습니다. 그것은 세상 사람들이 하는 풍습을 따라 종을 통해 아이를 갖는 것이었습니다.

아브라함은 아내 사라의 요청에 의한 것이었으니 양심의 가책을 갖지 않아도 되었습니다. 하지만 그 방법은 하나님의 언약을 믿지 못하는 불신앙적 선택이라 할 수 있었습니다. 그의 행동에 하나님은 그 어디에도 없습니다. 언약을 이루실 것이라는 하나님의 선언을 아브라함이 섣부른 행동으로 막아버리고 변질시켜 버린 것입니다. 이제 이 위기를 어떻게 벗어나야 할까요?

긴 인내의 시련 : 하나님의 침묵

하나님은 자기 마음대로 언약을 바꾼 아브라함과의 대화를 단절하셨습니다. 이전까지 하나님은 아브라함에게 나타나 깊은 교제를 나누셨으나, 그가 세상적인 방법으로 아들을 얻자 더 이상 그에게 나타나지 않으셨습니다. 하나님의 침묵은 13년이나 계속되었습니다. 더 이상 하나님과 대화할 수 없었던 아브라함은 매우 심각한 영적 침체를 겪었을 것입니다. 아무리 하나님께 기도를 해도 그 소리는 공허한 메아리가 되었습니다. 하나님께 찬양을 올려도 하나님은 받지 않으셨습니다. 따뜻하게 다가오셔서 마음의 고민을 해결해주시고 미래를 말씀해주시던 하나님의 음성은 더 이상 존재하지 않았습니다.

우리 역시 하나님의 침묵을 경험하게 되면 큰 고통을 겪게 됩니다. 매주 드리는 예배는 허무한 형식처럼 느껴집니다. 하나님께 드리는 찬양은 공허한 울림만 됩니다. 하나님께 깊이 기도를 드리고 싶어도 응답하지 않으시는 하나님으로 인해 깊은 기도를 드릴 수 없습니다. 이전과 같이 집중하여 하나님과 함께하는 시간을 갖고자 하지만 하나님은 침묵하고 계십니다.

왜 하나님은 이와 같이 오랫동안 침묵하셨을까요? 하나님의 침묵은 단지 헤아릴 수 없는 변덕스러움으로 치부할 수 없습니다. 하나님의 침묵에는 깊은 은혜가 담겨있습니다. 그것은 바로 연단과 성장을 위한 특별 훈련임을 기억해야 합니다. 아브라함이 13년 동안 깨달은 것은 무엇일까요? 그것은 하나님과 나누는 교제의 소중함이었을 것입니다. 하나님과 멀어지니 얼마나 힘든지 하나님의 음성이 얼마나 그리운지, 하나님께 예배드림이 얼마나 간절해지는지 알게 되었을 것입니다. 그리고 하나님의 언약을 지킴이 얼마나 소중한지도 알게 되었을 것입니다. 나중에 아들 이삭을 낳은 후에 하나님이 그 이삭을 바치라고 명하셨을 때 오직 순종함으로 자신의 믿음을 보였던 이유도 이 오랜 연단의 결과였을 것입니다.

13년이 흘러 그의 나이 99세가 되었을 때 놀라운 일이 일어납니다. 드디어 하나님이 다시 그에게 나타나셔서 말씀하셨던 것입니다. 이때 하나님이 그에게 하신 첫 마디가 "나는 전능한 하나님이라 너는 내 앞에서 행하여 완전하라"(창 17:1)였습니다. 바로 그의 부족했던 행위를 지적하는 하나님의 질책이었습니다. 우리가 하나님을 바라보고 하나님의 응답을 소망한다면 결코 다른 곳으로 눈을 돌려서는 안 됩니다. 비록 쉽게 해결할 수 있는 해결책이 눈앞에 있다 하더라도 결코 가까이해서는 안 됩니다. 그것은 우리에게 지름길이 아닙니다. 그것은 분명히 근심의 짐이 됩니다. 아브라함은 13년 동안 뼈저리게 느꼈을 것입니다. 하나님 앞에 섰을 때 우리는 과거의 모든 과오를 하나님께 고백해야 합니다. 하나님을 의지하지 아니하고 내 힘으로 하려던 모든 것을 고백하고 겸손하게 하나님 앞에 엎드려야 합니다. 하나님을 의지하지 않은 모든 것이 죄입니다.

하나님은 낮아진 아브라함에게 다시 놀라운 약속을 주심으로 일으켜 주셨습니다. 하나님은 그의 이름을 '여러 민족의 아버지'라는 뜻을 가진 '아브라함'으로 바꿔주셨습니다(창 17:5). 그리고 그의 아내 또한 사래에서 사라로 바꾸시며(창 17:15) 그녀가 열국의 어머니가 될 것을 약속하셨습니다. 하나님의 이와 같은 은총은 상상할 수 없는 은혜입니다. 부족한 자에게 주시는 하나님의 은총은 너무 위대해서 감격할 수밖에 없습니다. 아브라함은 다시금 하나님으로 인하여 소망으로 나아갈 수 있었습니다. 하지만 하나님이 그에게 주신 은혜는 그대로 받아들이기에는 너무 엄청난 것이었습니다.

한계를 넘게 하시는 하나님

아브라함은 이때 나이가 이미 99세였습니다. 물론 아브라함이 신체적으로 건강했다고 하지만 자녀를 가질 수 있는 나이가 지난 것은 분명합니다. 아브라함은 자신의 상태를 너무 잘 알았기 때문에 속으로 웃었습니다. 그가 생각할 때 이것은 결코 일어날 수 없는 일이었기 때문입니다. 그의 아내 사라도 마찬가지입니다. 애굽의 왕도 반할 정도의 빼어난 미모를 가지고 있었지만 그녀도 나이가 들어 이미 생리가 끊어진지 오래였습니다. 자신의 몸 상태를 너무 잘 알았던 사라는 하나님의 언약에도 웃을 수밖에 없었습니다.

하지만 잊은 사실이 있습니다. 하나님은 한계를 넘게 하시는 분이라는 사실입니다. 하나님께 불가능한 일은 없습니다. 하나님은 천지를 만드셨고 우리를 조성하신 분입니다. 우리에 관해 너무 잘 아십니다. 우리의 깊은 곳까지 아시는 하나님은 우리의 연약함을 완벽하게 치유하시고 다시 회복시켜 주십니다. 결코 웃을 수 없었던 아브라함과 사라가 웃었던 웃음은 기쁨의 웃음이라기보다 자조 섞인 웃음이었습니다. 하나님은 그 웃음을 꾸짖으셨습니다. 그것은 하나님이 진정한 웃음을 주시는 분이기 때문입니다. 우리의 한계를 넘게 하심으로 진정한 웃음으로 웃게 하시는 분이십니다.

혹시 하나님이 당신의 문제를 해결해 주실 수 없다고 생각하십니까? 아닙니다. 하나님은 한계를 넘게 하시는 분입니다. 하나님은 당신의 자조 섞인 웃음을 진정한 웃음으로 바꿔주실 것입니다.

웃게 하시는 하나님

⁵아브라함이 그의 아들 이삭이 그에게 태어날 때에 백 세라 ⁶사라가 이르되 하나님이 나를 웃게 하시니

듣는 자가 다 나와 함께 웃으리로다 창 21:5-6

상식적으로 경수가 끊어진 여인은 아이를 가질 수 없습니다. 심지어 그의 남편 아브라함도 결코 젊은 몸이 아니었습니다. 인생의 황혼기를 지나고 있다고 말할 수 있습니다. 하지만 하나님은 우리의 상식을 깨뜨려 버리셨습니다. 온 세상을 창조하시고 인간을 조성하신 하나님은 연약한 신체를 고치시고 불가능을 가능으로 만들어 주셨습니다. 하나님의 언약에도 웃지 못하였던 그녀였지만 언약이 성취된 지금 그녀는 하나님이 주신 놀라운 웃음을 웃게 되었습니다.

그녀가 웃었던 웃음을 어떻게 표현할 수 있을까요? 사라에게 아기는 일생 동안의 소망이라 할 수 있습니다. 아마 그녀의 전부라고 할 수 있을 것입니다. 자신의 목숨을 주어도 아깝지 않은 엄청난 기쁨이었습니다. 온 세상을 다 가진 것 같은 기쁨의 메아리가 온 집안에 울려 퍼졌습니다. 아무리 웃고 웃어도 그 기쁨은 사라지지 않습니다. 그렇습니다. 하나님이 우리에게 주시는 기쁨은 바로 이러한 기쁨입니다. 아무리 웃고 웃어도 마르지 않습니다. 모든 것을 다 주어도 아깝지 않습니다. 이와 같은 기쁨은 하나님께로부터 오는 웃음입니다.

사라는 진정으로 고백합니다. "하나님이 나를 웃게 하셨다!" 그렇습니다. 하나님은 우리에게 웃음을 주시는 분이십니다. 하나님이 주시는 웃음은 아브라함과 사라에게 제한된 것이 아닙니다. 이것은 오늘날 하나님을 따르고 하나님을 소망하는 우리에게도 동일하게 적용됩니다. 하나님을 소망할 때 세상 사람들의 눈에 절대적으로 불가능한 모든 것들이 가능으로 바뀌게 됩니다. 하나님이 우리에게 언약을 주실 때 우리는 세상이 감당 못할 기쁨을 소유하게 됩니다. 그 기쁨은 아무도 막을 수 없는 진정한 웃음이 될 것입니다.

신앙의 척도, 웃음

웃음은 성도의 신앙을 평가하는 기준으로 활용됩니다. 우리는 웃음을 통해 성도가 걸어온 삶과 신앙의 연단을 그리고 함께하시는 하나님의 놀라운 은혜와 은총을 알 수 있습니다. 그렇기 때문에 우리는 다른 성도의 웃는 모습만으로도 은혜를 받고 위로를 얻는 것입니다.

신앙의 연륜 깊은 웃음하면 제 머릿속에 떠오르는 분이 바나바입니다. 그것은 그가 '위로의 사람'(행 4:36)이요, '착한 사람'(행 11:24)이요, '긍정적인 사람'(행 9:26-27)이요, '성령 충만한 사람'(행 11:24)이었기 때문입니다. 그는 아무도 다가가려고도 믿으려고도 하지 않았던 사울에게 손을 내밀고, 그를 믿어주었으며, 그의 모든 형편에 귀를 기울여 주었습니다. 저는 바나바를 생각하면 그의 훌륭한 신앙의 인격과 함께 그의 얼굴에 가득한 웃음을 떠올리게 됩니다. 그의 깊은 신앙의 연륜을 생각할 때 그는 분명 웃음의 사람이었을 것입니다. 그가 가는 곳에는 화평이 있었으며 위로가 있었습니다. 상처 입은 분들도 바나바의 웃음을 보면 바로 치유가 되었을 것입니다. 우리도 연약한 믿음의 사람들을 위로하며 따뜻하게 품어주는 사랑의 미소를 갖기를 소망합니다. 이와 같은 웃음이 우리의 일상이 될 때 우리는 주님의 사랑을 전하는 귀한 사람이 될 것입니다.

저는 아브라함도 분명 웃음의 사람이었을 것으로 확신합니다. 아브라함은 고난의 나그네들을 기쁨으로 맞이하는 환대의 모습을 가지고 있었습니다. 아브라함의 환대 속에는 길에서의 모든 고난을 잊게 하는 웃음을 머금은 따뜻함이 들어 있었을 것입니다. 그래서 사람들은 아브라함에게서 하나님의 사랑을 발견하고 그와 머물며 이야기하는 동안 그가 하나님의 사람임을 확신할 수 있었던 것입니다.

저는 우리도 아브라함과 바나바와 같은 따뜻한 웃음의 사람이 될 수 있을 것이라고 확신합니다. 하나님을 소망하는 가운데 믿음으로 나아갈 때, 우리는 붙잡아 주시는 하나님의 은총과 응답의 귀한 열매를 얻게 될 것입니다. 하나님은 우리를 웃음으로 인도할 것입니다. 그러므로 고난이 다가와도 절망하지 말아야 합니다. 언젠가 다시 일어서게 될 날을 소망하며 인내해야 합니다. 아브라함을 통해 확신할 수 있는 것은 그 인내의 결과가 분명 웃음의 열매로 나타날 것이라는 사실입니다. 우리는 이 웃음을 가족과 이웃과 성도들을 위해 사용해야 합니다. 언제나 웃는 우리의 모습은 연약하며 상처 입은 분들에게 소망이 될 것입니다. 그들은 우리의 웃음을 통해 하나님을 발견하며, 하나님의 사랑을 깨닫게 될 것입니다.

천국 환송식을 마치고

Be joyful always; pray continually; give thanks in all circumstances.

항상 기뻐하라! 이 말씀이 기뻐할 수 없는 상황일지라도 기뻐하라는 주님의 명령임을, 그리고 우리의 사명임을 알게 하신 하나님 감사합니다.

지난 가을 이미 모두 전이된 위암 4기 판정으로 아버지의 임종을 준비하라던 시간부터 하나님 나라에 가시고 난 후 지금까지 나의 마음은 너무 슬프고 아팠습니다. 그래서 매주 유치부의 찬양 리더 사역자로서 웃고 춤추며 찬양을 하는 것이 참 어려웠습니다.

마음으로 울며 제가 주님을 기쁘게 찬양하면 주님이 아버지를 지키시겠지 하는 믿음으로 찬양하며 기뻐했습니다. 목사님의 "그래도 웃어보세요"라는 멘트를 생각하며 웃고 또 웃었습니다. 찬양할 때도 웃고 사람들을 만날 때도 웃었습니다.

늘 머릿속으로 '항상 기뻐하라는 선택이 아니고 명령이야' 라고 생각했습니다. 그런데 놀랍게도 제가 웃고 기뻐할 때마다 마음에 슬픔과 두려움과 아픔 대신 평안과 감사가 찾아왔습니다.

또한 한 달이 아니라 열 달이라는 선물 같은 축복의 시간을 허락하셔서 아버지와 함께 가정예배를 드리며 준비할 수 있게 하셨고 임종을 지키려고 미국에서 온 언니와도 네 달간 함께하며 기도하게 하셨습니다. 심지어 아버지를 주님 품에 보내는 동안도 저를 위로하려 찾아오신 분들에게 웃는 모습으로 인사할 때 주님 주시는 평안과 위로가 찾아왔습니다.

물론 문득문득 슬프고 아프지만 그래도 앞으로도 웃으려고 합니다. 주님 안에서 다윗처럼 춤추며 기뻐하려 합니다. 그래도 웃을 때 주님께서는 얼굴만 웃는 것이 아니라 진짜 마음속 깊이 웃을 수 있는 놀라운 기적을 저에게 선물하신다는 것을 알고 있으니까요!

양혜원 집사

3장

항상 기뻐하라

Be joyful always; pray continually; give thanks in all circumstances,

데살로니가전서 5:16-18

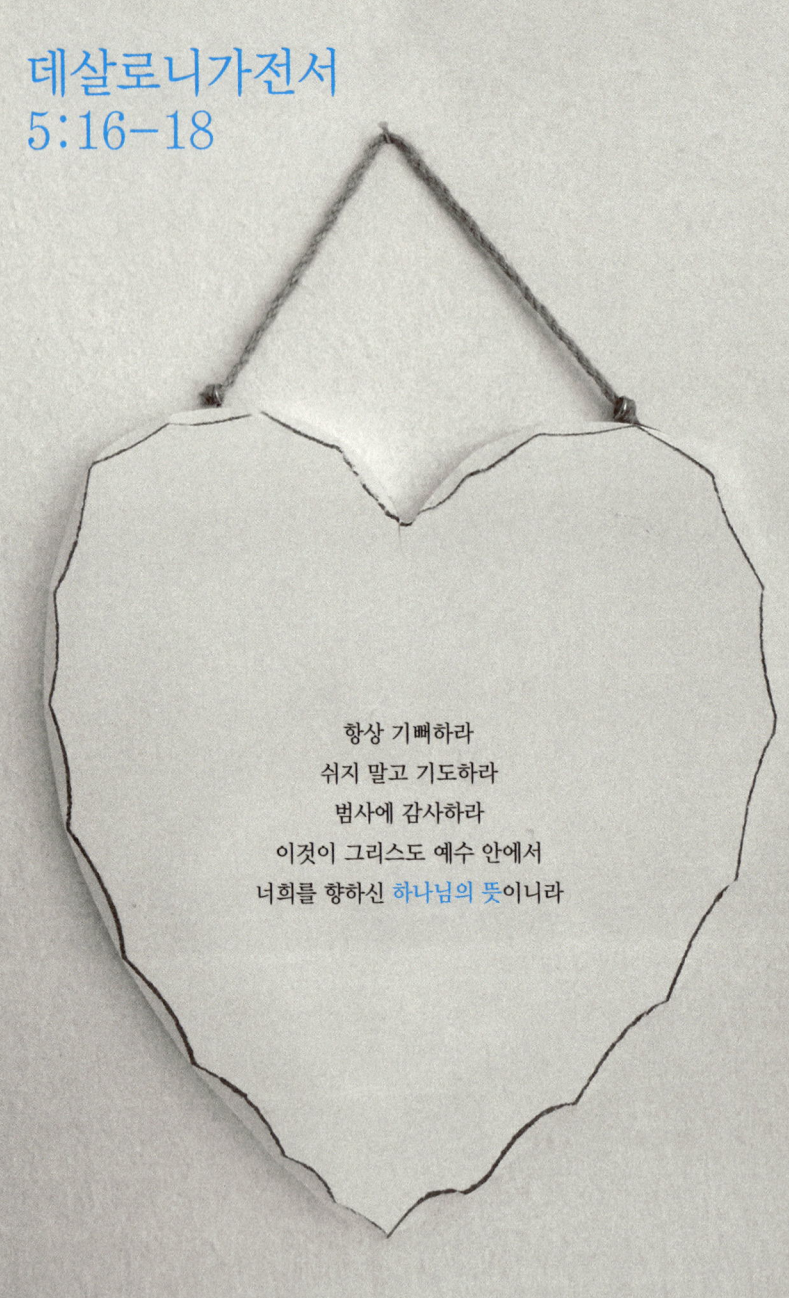

항상 기뻐하라
쉬지 말고 기도하라
범사에 감사하라
이것이 그리스도 예수 안에서
너희를 향하신 하나님의 뜻이니라

03

우리의 기쁨은 어떠해야 할까요? 중요한 것은 이 기쁨이 일상과 밀접하게 연결되어 있다는 사실입니다. 따라서 성경은 항상 기뻐하라고 말씀하고 있는 것입니다. 토미 뉴베리는 우리가 일상에서 실천해야 할 기쁨을 감사와 연결하여 항상 감사해야 하는 '남다른 감사'를 소개합니다.

> 첫째, 아주 작은 일부터 감사하는 것을 출발점으로 삼으라.
> 둘째, 작지만 결코 작지 않은 것들, 즉 포옹, 음악, 웃음 두 번째 기회 등에 감사를 표현하라.
> 셋째, 누구에게나 있는 보편적인 복을 인식하라.
> 넷째, 습관적으로 남을 인정하라.[5]

이와 같은 감사는 우리가 항상 기뻐할 수 있는 실천으로 활용할 수 있습니다. 먼저 작은 일부터 기뻐하는 것을 출발점으로 삼는 것입니

---

5. 토미 뉴베리, 『기쁨 충만한 삶의 비결 4:8』 정성묵 역, pp.210-212.

다. 그리고 작지만 결코 작지 않은 것들에 관해 기쁨을 표현하는 것입니다. 이것은 입술 위로 올리기, 작은 미소, 큰 웃음, 눈인사 등으로 기쁨을 표현합니다. 그리고 누구에게나 있는 기쁨을 인식하는 것입니다. 마지막으로 습관적으로 다른 사람을 인정하며 기쁨을 표현하는 것입니다. 이는 우리의 삶을 조금씩 변하게 하는 놀라운 습관의 출발점이 될 것입니다.

우리는 기쁨을 표현하는 것도 기쁘다는 말을 하는 것도 인색합니다. 삶에서 발견할 수 있는 작은 것에 기쁨으로 반응하려 하지 않습니다. 크고 화려한 것만을 기다립니다. 그리고 말하곤 합니다. 기뻐하고 싶은데 나에게 그럴 기회가 전혀 없다고 말입니다. 성경은 우리에게 기쁨이 과연 무엇인지에 대해 가르칩니다. 그것은 특별한 시기에 한정되지 않으며, 모두가 끝없는 매력에 빠지게 하는 놀라운 매력을 가지고 있습니다. 과연 성경이 말하는 놀라운 기쁨은 무엇일까요? 그것은 바로 '항상 기뻐함' 입니다.

항상 기뻐하라

'항상 기뻐하라' 는 말이 정말로 놀라운 이유는 의무적 명령으로 주셨다는 사실입니다. 항상 기뻐하는 것이 과연 가능할까요? 이것이 우리가 사는 세상에서 가능한 명령이라고 생각하십니까? 아마 사람들은 '기쁘다'라는 말보다 '불행하다'라는 말을 더 많이 할 것입니다. 이것은 어떻게 보면 실천 불가능한 명령입니다. 불행은 우리 생활에서 떼려야 뗄 수 없는 필수요소와 같습니다. 주변을 살펴보십시오. 사람들은 항상 '나는 불행하다'를 입에 달고 있습니다. 우리가 들을 수 있는 불행의 이유는 무궁무진합니다. "물질이 없어서…", "직장에 들어가지 못해서…", "건강하지 못해서…", "자녀가 없어서…", "결혼하지 못해서…", "가족이 없어서…", "승진하지 못해서…", "권력을 가지지 못해서…", "인기가 없어서…", "외모가 마음에 들지 않아서…" 이 끝없는 이유들은 우리를 절망에 빠지게 합니다. 그리고 그 절망은 우리에게 의욕을 빼앗아 스스로를 고립시키고 단절시키게 합니다. 불행하다는 생각은 이제 개인의 문제가 아닌 사회의 문제가 되어버렸습니다. 사람들은 하나같이 '나는 불행하다'를 외치고 있습니다.

 우리 역시 주위를 아무리 둘러보아도 기뻐할 만한 일은 보이지 않습니다. 가정의 형편도 그대로고, 직장의 문제 역시 동일합니다. 몸은 점점 노쇠해 갑니다. 시간이 지나면 점점 나아져야 할 텐데 오히려 더 나빠집니다. 우리는 과연 항상 기뻐하라는 명령에 순종할 수 있을까요?

고난 가운데 드리는 감사

항상 기뻐하기 위해서는 먼저 고난 속에서도 흔들림이 없어야 합니다. 험한 상황 속에서도 감사하는 사람이 있다면 그는 어떤 상황에서든지 기뻐하는 사람이라고 말할 수 있을 것입니다. 만약 저에게 고난 가운데서도 감사할 수 있는 대표적인 사람을 지목하라고 한다면 저는 바울이라고 말할 수 있습니다.

바울은 우리에게 '항상 감사하라'고 가르친 바와 같이 항상 감사하는 삶을 살았습니다. 만약 바울이 풍성한 재물과 높은 신분을 가지고 호의호식하는 가운데 우리에게 '항상 감사하라'고 가르쳤다면 우리는 그의 가르침을 무시하고 들으려 하지 않았을 것입니다. 그와 같은 삶은 그가 진정으로 실천하는 삶을 살고 있지 않은 것이 되기 때문입니다. 하지만 우리가 바울의 상황을 알게 된다면 오히려 우리는 바울의 감사를 더 놀라운 눈으로 보게 될 것입니다.

바울의 삶은 객관적으로 봤을 때 결코 감사와 기쁨이란 단어를 입에 담을 수 없는 생활이었습니다. 함께 본 말씀인 데살로니가전서의 배경만 봐도 알 수 있습니다. 그는 실라와 함께 데살로니가에 가기 전에 빌립보에서 심한 폭행을 당했습니다. 매를 맞고(행 16:22) 감금당했습니다(행 16:24). 이 매는 태형의 형벌을 의미합니다. 태형은 몸을 채찍으로 치는 형벌로, 이때 사용하는 채찍은 피부를 찢어 피로

물들게 하는 고통스러운 도구였습니다. 태형의 형벌을 치룬 바울은 온 몸이 찢겨지고 많은 피를 흘려 걷지도 몸을 움직이지도 못하였을 것입니다. 고통은 사람의 마음을 약하게 합니다. 밤새 뜨거운 아픔으로 잠을 이루지 못했던 바울은 분명 죽음을 예감하는 두려움의 시간을 보냈을 것입니다.

바울은 데살로니가에서도 빌립보에서와 같이 폭동을 일으킨다는 거짓 고발을 당했고 이것으로 인해 위협을 받았습니다(행 17:5-7). 바울의 고통은 끊이지 않았습니다. 계속되는 고난은 그의 마음을 더욱 약하게 만들었을 것입니다. 하지만 바울은 어려움을 당하고 있는 데살로니가 교회의 소식을 듣자(행 18:5) 힘을 내서 편지를 썼습니다. 데살로니가에서의 바울의 기억은 '아픔과 고난'이었습니다. 이것은 데살로니가 교인들의 상황과 다르지 않았습니다. 그들은 환난 가운데 있었으며 인내로써 견뎌야 했습니다. 바울은 고난 가운데 인내하는 그들을 향해 중요한 메시지를 전합니다. 그것은 바로 "항상 기뻐하라!"였습니다.

이것이 어떻게 가능할까요? 그들은 계속 고난당하고 있었습니다. 하지만 바울은 그 이유를 설명합니다. 그것은 바로 그리스도 예수 안에서 그들을 향한 하나님의 뜻이기 때문입니다. 하나님이 원하시니 기뻐하라는 것입니다. 우리는 하나님의 명령을 현실성 없는 허무맹랑한 말이라고 할 수 없습니다. 그것은 하나님의 명령에는 환경을 바꾸는 힘이 있기 때문입니다. 우리는 환경에 굴복할 수밖에 없고 기뻐할 수 있는 능력도 없습니다. 하지만 하나님의 권능의 말씀에 순종하려고 결단하는 순간, 하나님이 역사하십니다. 하나님은 우리의 생각을 우리가 기뻐할 수 있는 마음으로 변화시켜 주십니다.

하나님은 기쁨의 근원이십니다. 우리가 하나님 안에 있을 때 우리의 환경과 상관없이 우리 마음 가운데는 놀라운 기쁨이 샘솟게 됩니다. 아무리 상황이 우리를 눈물짓게 하더라도, 우리를 한숨 쉬게 하더라도 하나님이 우리와 함께 있는 한 우리는 웃을 수 있습니다. 하나님이 우리에게 기쁨이 되시기 때문입니다. 비록 우리에게 웃을 수 있는 능력이 없다하더라도, 우리가 쉽게 지치고 흔들리더라도 하나님을 바라보는 한 우리에겐 소망이 있습니다. 하나님이 우리 마음을 기쁨으로 변화시키실 것입니다. 그렇다면 우리는 이 기쁨을 어떻게 얻을 수 있을까요?

기쁨의 조건 1. '쉬지 말고 기도하라'

기도는 기쁨의 첫째 조건입니다. 바울은 우리에게 '쉬지 말고 기도하라'고 했습니다. 기도란 무엇일까요? 기도란 하나님의 은혜와 능력을 공급받는 길이라고 말할 수 있습니다.

E. M. 바운즈는 『기도의 불병거』에서 기도에 관해 다음과 같이 정의합니다.

> 기도는 하나님의 도우심이 필요하다고 느끼고 그분의 채워주심을 간절히 구하는 것이다. 기도가 귀하고 막강한 것은 하나님께서 귀하고 막강하기 때문이다.[6]

하나님의 막강한 도우심을 얻기 위해서는 기도해야 합니다. 기도할 때만이 권능의 삶을 살 수 있습니다. 기도는 하나님의 도움을 공급하는 은혜의 파이프입니다. 기도가 멈춘 상태에서는 기쁨을 얻을 수 있는 방법이 없습니다. 우리는 기도해야 합니다. 기도할 때만이 우리는 하나님의 막강한 도우심을 얻을 수 있습니다. 하나님이 도와주실 때 우리는 어떤 환경 가운데서도 기뻐할 수 있습니다. 기도는 기쁨의 삶을 살 수 있도록 하는 가장 중요한 공급원입니다. 또한 우리는 기도를 쉬지 않아야 합니다. 지속적인 기도는 하나님께 중심을 둔 기도생활입니다. 하나님을 마음의 중심에 두고 도우심을 얻기 위해 쉬지 말고 기도해야 할 것입니다.

---

6. E. M. 바운즈, 『기도의 불병거』 (서울: 규장, 2008), p.20.

기쁨의 조건 2, '범사에 감사하라'

기쁨의 둘째 조건은 '범사에 감사하는 것' 입니다. 우리는 모든 일에 감사해야 합니다. 감사할 수 있는 큰일만을 찾는다면 우리 삶에 감사할 수 있는 일은 전혀 없게 될 것입니다. 가장 작은 일, 일상적인 일부터 하나님께 감사드리십시오.

맑은 날뿐 아니라 비오는 날도 감사하십시오. 촉촉한 비는 마른 대지뿐 아니라 우리의 마음도 촉촉하게 적셔줄 것입니다. 버스를 놓치게 되더라도 감사하십시오. 다음에 타게 될 버스가 여러분에게 새로운 기회를 제공해 줄 것입니다. 보고 싶지 않은 사람을 보게 되더라도 감사하십시오. 여러분의 마음을 힘들게 하는 그 사람은 당신의 실력과 성품을 성장시켜 줄 가장 좋은 파트너가 될 것입니다. 맛이 없는 음식을 먹게 되더라도 감사하십시오. 그 음식은 맛있는 음식의 귀함을 더 절실히 깨닫게 하는 기회가 될 것입니다. 때로는 그 음식이 여러분에게 새로운 영감으로 다가 올 수도 있습니다. 가족이 여러분을 힘들게 하더라도 기뻐하십시오. 매일 힘들게 하는 가족이 매일을 살게 하는 원동력이 될 수 있습니다.

우리는 삶에서 만나는 모든 일에서 감사를 찾아야 합니다. 매일 할 수 있는 일에서, 매일 눈을 떠 맞닥뜨리는 일상에서, 매일 걸을 수 있는 이 길에서, 매일 만나는 사건에서 감사의 조건을 찾아야 합니다.

그럴 때 하나님은 우리의 삶을 감사로 가득 차게 하실 것입니다.

기쁨의 일상화

우리의 삶이 하나님이 명하신 기쁨으로 넘치게 하기 위해서는 어떻게 해야 할까요? 저는 우리의 삶을 기쁨에 적합한 토양으로 바꿔야 한다고 생각합니다. 이것은 일상의 작은 습관부터 바꾸는 노력에서 시작할 수 있습니다.

첫째, 매일 마음에 은혜를 공급하십시오.

은혜는 우리 마음을 기쁨으로 가득 차도록 돕는 영양분이 될 것입니다. 매일 5분을 성경책 읽기에 투자하십시오. 또한 찬양을 듣는 것에도 5분의 시간을 투자하십시오. 우리가 하루 동안 스마트폰에 투자하는 시간만을 계산해도 이와 같은 시간은 아무것도 아님을 알 수 있습니다. 마음에 어떤 영양분을 공급하고 계십니까? 마음에 공급하는 영양분에 따라 우리의 마음 상태는 달라집니다. 매일 분노를 넣는다면 절제할 수 없는 분노로, 폭력을 넣는다면 남을 해치는 강렬한 폭력으로, 아픔을 넣는다면 극심한 우울로 나타날 것입니다. 우리 마음에 은혜의 양분을 공급하는 훈련을 시작하십시오. 물론 처음부터 많은 양분을 넣을 수 없습니다. 과욕은 금물입니다. 아주 작게 5분으로 시작하십시오. 어쩌면 5분은 마음에 차지 않는 양일 수 있습니다. 하지만 그 시간은 점차 당신의 마음을 하나님께 기울게 하는 큰 계기가 될 것입니다. 이제 당신의 마음은 분노와 정욕 그리고 분주함이 아닌 하나님의 기쁨을 가득 채우는 놀라운 기적으로 나타나게 될 것입니다.

둘째, 감사로 시작하십시오.

아침에 눈을 뜬 후 처음 1분간 감사의 일만 떠올리십시오. 그리고 그 감사함을 갖고 하나님께 기도하십시오. 일어나서 처음 하는 활동은 하루 전체의 감정을 결정합니다. 우리가 눈을 뜬 직후부터 감사거리를 찾아 하나님께 감사하고 하루를 하나님이 주실 기쁨으로 기대하고 시작한다면 하루가 달라질 것입니다. 하지만 반대로 눈을 뜬 직후 하루에 있을 힘든 일을 생각하고 그 일을 염려하며 두려워한다면 우리의 하루는 그 두려움과 염려로 가득하게 될 것입니다. 그러므로 우리가 눈을 뜰 때 하나님께 감사하며 기도드리는 것은 기쁨의 생활에 큰 도움이 됩니다. 그것은 하나님이 기쁨의 삶을 살고자 하는 우리의 마음을 단단하게 붙잡아 주시고 기쁨으로 인도해 주시기 때문입니다.

셋째, 감사로 정리하십시오.

바쁜 현대인의 삶에 여유 있는 저녁은 없습니다. 수많은 일에 내몰려 하루를 정신없이 보냅니다. 집에 들어와서도 바쁨이 그치지 않습니다. 이제는 업무로 빼앗긴 자유를 취미나 오락을 통해 보상 받기를 원합니다. 스마트 폰에, 뉴스에 빠집니다. 때로는 스포츠에, 때로는 사람들과의 만남에 많은 시간을 사용합니다. 그 후에 정신없이 잠자리에 듭니다. 이와 같은 삶은 점점 패턴이 되어 우리를 공허하게 만듭니다. 이를 탈출하기 위해 반드시 하루를 정리하는 5분간의 정리 시간이 필요합니다. 그리고 하루를 돌아보며 하루를 인도해주신 하나님께 감사드리고 잠자리에 들어야 합니다. 이처럼 우리가 기쁨으로 하루를 마치게 될 때 우리는 우리의 삶이 기쁨이 가득한 하루였음을 고백하며 기쁨의 다음 날을 준비할 수 있습니다.

기쁨의 전이성

'항상 기뻐하는 것'은 우리 자신의 삶에만 영향을 끼치지 않습니다. 나의 변한 작은 모습은 작게는 나와 관계된 가족과 친구들에게, 나아가서는 직장과 사회에까지 영향을 끼칩니다. 사람들은 우리에게서 웃음과 기쁨을 발견하게 될 것입니다. 밝아진 우리 모습 가운데서

친근함과 포근함을 느끼고 우리에게 그 이유를 묻고 싶어 할 것입니다. 이 모습은 점차 그리스도인의 성숙한 모습으로 나아가게 될 것입니다. 우리가 입술로만 사랑을 외칠 때 그것은 가식이요, 어른의 헛된 가르침만이 됩니다. 하지만 우리의 모습에 나타난 웃음과 기쁨은 삶에서 적용된 사랑으로 표현됩니다. 사람들은 우리의 모습을 보고 우리를 부러워하고 우리와 같이 되기를 원하게 될 것입니다.

예수님은 우리를 세상의 소금과 빛이라고 말씀하셨습니다.

> 13 너희는 세상의 소금이니 소금이 만일 그 맛을 잃으면 무엇으로 짜게 하리요 후에는 아무 쓸 데 없어 다만 밖에 버려져 사람에게 밟힐 뿐이니라 14 너희는 세상의 빛이라 산 위에 있는 동네가 숨겨지지 못할 것이요 15 사람이 등불을 켜서 말 아래에 두지 아니하고 등경 위에 두나니 이러므로 집 안 모든 사람에게 비치느니라 16 이같이 너희 빛이 사람 앞에 비치게 하여 그들로 너희 착한 행실을 보고 하늘에 계신 너희 아버지께 영광을 돌리게 하라 마 5:13-16

우리가 예수님의 말씀과 같이 소금과 빛의 역할을 할 때 세상 모든 사람들은 우리를 보며 부끄러워 할 것입니다. 그리고 사람들은 우리를 보고 하늘에 계신 하나님께 영광을 돌리게 될 것입니다. 이것이 바로 예수님이 우리에게 원하시는 삶입니다.

되찾은 웃음

Be joyful always; pray continually; give thanks in all circumstances.

　새벽기도 시간에 목사님의 선창으로 〈겸손〉이란 찬양을 불렀습니다. 갑자기 참을 수 없는 눈물이 걷잡을 수 없이 흘렀습니다. 눈물이 온몸과 영혼에서 터져 나오는 것 같았습니다. 오래전에 있었던 일들이 주마등처럼 스쳐갔습니다. 저는 하나님의 은혜를 간절히 바랐습니다.
　원치 않았던 사람과의 관계로 경제적 어려움이 왔습니다. 직장까지 피해가 갈 수 있어 최선을 다했습니다. 경제적으로 숨통을 조여왔습니다. 단돈 1만 원도 저에게 허락되지 않았습니다. 억울함과 분함이 저에게 다가왔습니다. 저는 하나님께 "어떻게 사랑할 수 없는 사람을 품어주라 하시며 용서할 수 없는 사람을 어떤 방법으로 용서하라고 하시냐"고 따졌습니다. 저는 이해가 되지 않아 하나님께 외쳤습니다. "하나님! 용서 못해요, 사랑 못해요"라고 외쳤습니다. 하나님은 강퍅했던 저의 마음을 수없이 쓰다듬고 만져주셨습니다. 그리고 제 마음에 말씀해주셨습니다. "내가 용서함같이 너도, 내가 사랑함같이 너도."

저는 "제 힘으로 도저히 이해할 수도, 용서할 수도, 사랑할 수도 포기할 수도 없지만 아버지가 하라 하시니까 내 안에 계신 성령님의 가르쳐주심으로 이해하고 용서하며 품고 축복하겠습니다."라고 고백하였습니다. 그 후 저는 저를 무겁게 짓누르던 죄의 짐과 억울하고 분한 마음이 어느 순간 눈 녹듯 사라지는 것을 느꼈습니다. 제 마음 가운데 은혜의 강물이 흘렀습니다. 그동안 잊고 살았던 웃음이 제 얼굴에 다시 찾아왔습니다.

제 성품을 너무도 잘 아시는 하나님은 제 마음이 변할 것을 아시고 부족한 저에게 감당할 만한 일들을 맡게 하셨습니다. 교회학교 1~2학년 아이들은 저의 근심걱정을 다 잊고 깔깔거리며 웃게 하였습니다. 하나님은 또한 새 옷을 입을 여력도 없는 저에게 안내와 새 가족을 맡게 하셔서 세상에서 제일 행복한 웃음을 짓게 하셨습니다. 또한 어린 아이들이 있는 속장도 맡게 하셔서 분주하게 아이들과 뒹굴며 즐겁게 웃게 하셨습니다. 하나님이 저에게 주신 이 모든 사역은 모든 일 가운데 항상 깔깔깔 하하하 박장대소하며 웃으라고 주신 하나님의 훈련이라 생각됩니다. 이와 같은 훈련은 저에게 보약이 되었습니다. 마음껏 웃을 수 있었고 그래서 행복했습니다.

집 한 채 내어주고 이사 나오던 날이 생각납니다. 초막이나 궁궐이나 하나님과 동행하는 삶이 내게는 가장 큰 축복이라고 흥얼거리며 가장 작은 집으로 이사했습니다. 그렇지만 제 마음은 웃음으로 가득

했습니다. 제 마음은 이제 부자가 되었기 때문입니다. 마음의 쓴 뿌리는 사라지고 웃음이 가득하고 화평의 열매들이 주렁주렁 열어가고 있었습니다. 오래전 일이지만 그 일로 인하여 소소한 것에도 감사하며 부정적인 것도 긍정적으로 바라보게 되었습니다. 언짢은 일이 있어도 웃어넘기는 습관이 생겼습니다. 유명 핸드백이 아니어도 고급 명품 신발이 아니어도 명품 브랜드 옷이 아니어도 만 원짜리의 넉넉함과 풍요로움을 알기에 속사람은 더 많이 강해져 갑니다. 눈가에 주름살이 많아지더라도 하나님 주신 웃음을 배워가면서 그 웃음으로 홈런의 방망이를 날려가며 겸손한 마음으로 감사하겠습니다.

김분자 권사

4장

<u>어위만 감사로 승복하라</u>

Be joyful always; pray continually; give thanks in all circumstances.

창세기 13:8-9

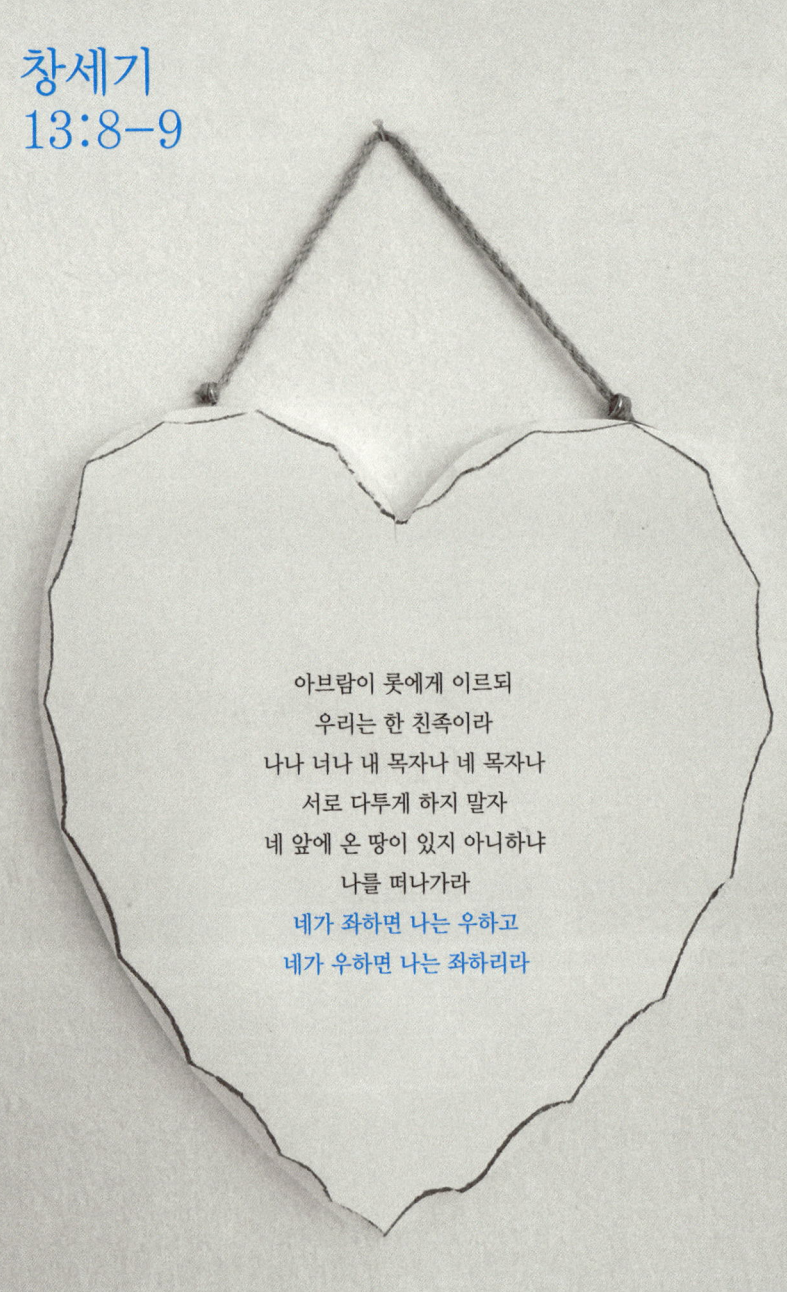

아브람이 롯에게 이르되
우리는 한 친족이라
나나 너나 내 목자나 네 목자나
서로 다투게 하지 말자
네 앞에 온 땅이 있지 아니하냐
나를 떠나가라
네가 좌하면 나는 우하고
네가 우하면 나는 좌하리라

04

계산으로 이길 수 없다

'계산에 빠르다'는 말이 있습니다. 이것은 자기중심적인 사람에 해당되는 단어입니다. 그는 무슨 일을 해도 손해를 보지 않고 남들보다 더 많은 것을 가지려고 합니다. 하지만 계산에 빠른 사람이 언제나 이익을 본다고 할 수 없습니다. 물론 당장 작은 이익들을 얻을 수 있지만 나중에 가서는 사람들에게 이익만을 챙기는 사람으로 지탄받아 결국 신용을 잃게 될 것입니다.

그리스도인들은 계산에 빠르지 않습니다. 그들은 주님께 헌신하고 사회에서 봉사하지만 이것은 바로 칭찬과 이익으로 연결되지 않습니다. 오히려 오해하고 비난하기도 합니다. 그럼에도 그리스도인들이 헌신하고 봉사하는 이유는 하나님이 명하셨고 하나님이 기뻐하시기 때문입니다. 하나님은 우리의 모든 것을 보고 계십니다. 우리가 하나님만을 바라보고 헌신하며 봉사할 때 하나님은 칭찬과 함께 큰 축복을 주실 것입니다. 이를 확신하기 때문에 우리 그리스도인은 세상에서 헌신하며 봉사하는 것입니다. 비록 이 세상에서 보상을 받지 못하더라도 실망하지 않습니다. 이 땅을 떠나서 주님과 함께하는 영원한 삶이 기다리고 있습니다. 그렇기 때문에 우리는 세상에서 계산적이지 못합니다. 우리 자신을 위해 영악하게 살지 않습니다. 때로는 미련한 자들이라고 손가락질을 받기도 합니다. 하지만 우리는 확신합니다. 계산으로는 이길 수 없다는 사실을 말입니다. 우리가 해야 할 일은 주님이 명령하신 대로 기쁨으로 사는 것입니다. 그렇다면 우리는 세상에서, 선택해야 하는 중요한 일을 만나게 될 때 어떻게 해야 할까요?

화목을 목표로 하라

선택함에 있어 가장 먼저 생각할 수 있는 경우는 아브라함과 조카 롯입니다. 이들 둘 사이에 문제가 생기기 시작한 것은 아이러니하게도 하나님이 아브라함에게 주신 축복 때문이었습니다. 애굽에 내려간 아브라함의 가족은 큰 문제를 만났습니다. 그것은 애굽 왕 바로가 아내 사라를 아브라함의 동생인 줄 알고 자신의 궁으로 데리고 간 것입니다. 하지만 하나님은 바로의 집에 큰 재앙을 내리셨고, 이를 계기로 바로는 사라가 아브라함의 아내인 줄 알고 내보내었습니다. 아브라함은 이 사건으로 수많은 재물을 얻었습니다.

꽃길만을 걸을 줄 알았던 이들의 미래에 문제가 생긴 것은 오히려 이때부터였습니다. 소유가 많아지자 그들이 머무는 지역의 먹이가 부족해지기 시작하였습니다. 이제 아브라함의 목자들과 조카 롯의 목자들 사이에서 분쟁이 생기기 시작하였습니다. 서로 자신들의 짐승들을 더 먹이려고 영역 다툼이 있게 되었던 것입니다.

이 문제는 분노로 문제를 더 크게 할 수도 있었습니다. 하지만 아브라함은 화목을 선택합니다. 아브라함과 조카 롯이 함께 머물고 있는 땅은 가나안 사람과 브리스 사람도 거하고 있는 복잡한 지역이었습니다. 아브라함과 조카 롯 사이에 다툼이 일어나고 그것이 문제가 커지게 되면 바로 문제가 생기는 것은 하나님의 명성입니다 하나님이 복을 주시기 위해 아브라함을 부르시고 그에게 고향과 친척과 아버지 집을 떠나 그에게 보여주시는 땅으로 가라고 하셨는데(창 12:1) 그 결과가 겨우 가나안 땅에서 조카와 싸우는 것으로 초라한 결론을 맺게 된다면 분명 하나님 명성에 문제가 될 것입니다.

우리는 우리의 삶을 통해 하나님을 높여야 합니다. 우리가 그리스도인으로서 바르게 살지 못한다면 분명 하나님의 이름은 부끄럽게 될 것입니다. 우리가 복음을 위함도, 선함을 위함도 아닌 욕심을 위해 다툼과 범죄를 저지른다면 우리의 삶을 보고 아무도 예수님을 믿으려 하지 않을 것입니다. 교회에 나오는 것도 손가락질을 받게 될 것입니다. 아무리 입술로 하나님을 높인다고 하더라도 삶이 따라가지 못한다면 오히려 하나님의 이름을 더럽히는 자가 됩니다.

그렇기 때문에 아브라함은 다툼을 멈추고 화목하는 길을 택합니다. 그것이 비록 자신에게 손해가 될지라도 아브라함은 하나님의 명성을 먼저 생각했습니다. 내가 좀 손해를 보더라도 주님의 이름이 높여진다면 그것으로 내가 기쁘다 라고 말입니다.

눈에 보이는 것이 다가 아니다

아브라함이 조카 롯에게 제시한 제안은 순전히 조카 롯만을 위한 것이라 할 수 있습니다. 아브라함은 먼저 조카 롯에게 선택권을 부여했습니다. 그리고 그가 가는 길에 함께하여 그를 괴롭히지 않을 것이라고 말합니다. 오히려 그의 선택을 존중하고 자신은 반대를 택해 서로 부닥칠 일을 사전에 예방할 것임을 선언하였습니다. 아브라함이 이렇게 담대한 결단을 내릴 수 있었던 이유는 어디에 있었을까요? 그렇게 되면 아브라함은 정말 좋지 않은 땅을 택해야 할 수도 있습니다. 짐승을 돌보는 입장에서 잘못된 지역 선택이 어떤 어려운 결과를 낳게 될지도 잘 알았을 것입니다. 자신의 선언대로 정반대의 길을 택해 풀이 없는 황량한 지역에 거하게 되어버린다면 앞으로의 미래는 정말 막막하게 될 것입니다.

하지만 아브라함이 믿고 있는 부분이 있었습니다. 그것은 눈에 보이는 것이 다가 아니라는 사실입니다. 비록 우리 눈에는 황량하고 죽음의 땅 같아 보일지라도 그곳에 하나님이 함께하신다면 그곳은 그 누구라도 부러워할 만한 생명의 땅이 될 수 있습니다. 그렇기 때문에 아브라함은 자신의 미래를 모두 내려놓고 조카 롯에게 선택의 기회를 주었던 것입니다.

우리는 종종 눈에 보이는 것에 모든 것을 걸려고 합니다. 눈에 보이는 그것이 삶의 행복과 기쁨을, 그리고 미래를 모두 책임질 것이라 믿기 때문입니다. 우리는 아브라함을 기억해야 합니다. 눈에 보이는 것이 다가 아닙니다. 진정한 모든 것은 하나님입니다. 사람들이 보기에 모든 것이 끝났다 하더라도 하나님이 함께하시면 그것이 바로 행복의 길이요, 소망의 길이라 할 수 있습니다. 그렇기 때문에 우리는 기뻐하며 승리의 웃음을 웃을 수 있는 것입니다.

선택의 기준을 바로 정하라

우리는 조카 롯을 통해 잘못된 선택의 기준을 볼 수 있습니다. 롯은 아브라함의 제안을 듣고 요단 지역을 바라봅니다. 이미 짐승들을 몰고 주위 땅들을 모두 돌아보아 그 지역이 어떤지를 알고 있었습니다. 요단 지역은 소알까지 온 땅에 물이 넉넉하였습니다. 그 지역의 중심은 바로 소돔과 고모라였는데 여호와의 동산 같고 애굽 땅 같아서 사람이 살기에 정말 좋은 지역이었습니다. 조카 롯은 망설임 없이 요단 지역을 선택하였습니다.

아브라함의 입장에서 조카 롯의 선택은 배려라고는 조금도 찾아 볼 수 없는 이기적인 선택이라고 할 수 있습니다. 정말 좋은 알짜를 차지한 것입니다. 그런데 그 곳이 정말 가장 좋은 곳이라고 할 수 있을까요? 롯이 선택한 지역은 요즘 말로 하면 성공할 수 있고, 재미있게 즐길 수 있는 최고의 직장, 생활터전이라 할 수 있습니다. 살기에 불편함이 전혀 없는 곳이었습니다. 물이 많으니 짐승들 기르기에 좋고, 사람들도 많아 서로 교류하기도 좋았습니다. 문명도 발달해서 즐길 거리도 너무 많았습니다. 하지만 이곳은 반대로 하나님의 사람들에게는 너무 황량한 곳이 됩니다. 너무 많은 즐길 거리로 인해 하나님을 묵상하고 하나님과 교제할 시간이 전혀 없기 때문입니다. 하나님께 예배드리고 기도한다는 것은 전혀 꿈꿀 수 없는 곳이기도 하였습니다. 여기서 롯은 자신이 하나님의 사람인 것을 전혀 나타낼 수 없었습니다.

우리 역시 하나님께 예배드릴 수 없고, 즐길 거리만 많은 직장, 삶의 터전을 만나게 된다면 과감하게 포기해야 합니다. 비록 우리에게 삶의 행복과 즐거움을 줄 것이지만 그 행복은 결국 우리 영혼을 병들게 하는 원인이 될 것이기 때문입니다. 하나님은 즐거움과 죄가 넘치는 혼잡한 곳에서 만날 수 있는 분이 아닙니다. 고독 가운데 홀로 조용히 구할 때 만날 수 있습니다. 이를 위해 우리는 즐거움과 쾌락을 제공하는 세상에서 떨어져 있어야 합니다. 그렇기 때문에 우리에게 갑자기 닥친 고난은 오히려 주님의 사랑을 더 깊이 느끼며 주님과 깊은 교제를 나눌 수 있는 최적의 조건이 됩니다.

성경은 롯이 선택한 소돔 사람은 여호와 앞에 큰 죄인이라고 말씀합니다(창 13:13). 하지만 요단 지역을 선택한 후로, 그의 발걸음은 점점 소돔 쪽으로 나아갑니다. 그는 도시가 주는 달콤함에, 죄악이 보상하는 유혹적인 매력에 점점 빠져들었던 것입니다.

하나님이 보상이다

아브라함의 선택은 분명히 어리석은 것이었습니다. 그가 선택한 롯의 반대 방향은 점점 황량한 지역으로 나아가는 길이었습니다. 짐승에게 먹일 풀을 찾기가 점차 어려워질 것입니다. 물이 부족하여 물을 찾는데 많은 시간을 보내야 할 것입니다. 목자들은 왜 좀 더 좋은 곳을 택하지 않았느냐고 반발할 수도 있습니다. 하지만 아브라함은 롯이 나아간 반대 방향으로 출발했습니다.

  이때 하나님이 아브라함에게 나타나셨습니다. 아브라함의 선택이 바로 하나님을 위한 헌신임을 아셨던 것입니다. 하나님은 아브라함에게 은혜의 약속을 주셨습니다. 그것은 바로 미래에 관한 것이었습니다. 하나님은 아브라함에게 북쪽과 남쪽 그리고 동쪽과 서쪽을 바라볼 것을 명하셨습니다. 그리고 말씀하십니다.

> 보이는 땅을 내가 너와 네 자손에게 주리니 영원히 이르리라 창 13:15

  이 얼마나 놀라운 말씀입니까? 하나님의 약속은 그치지 않습니다.

> 16 내가 네 자손이 땅의 티끌 같게 하리니 사람이 땅의 티끌을 능히 셀 수 있을진대 네 자손도 세리라 17 너는 일어나 그 땅을 종과 횡으로 두루 다녀 보라 내가 그것을 네게 주리라 창 13:16-17

  이것은 자손의 축복과 함께 지금 현재의 움직임이 미래의 모든 축복이 될 것임을 약속하시는 신비한 은총이었습니다. 하나님의 약속만을 믿고 움직이면 됩니다. 그러면 움직이는 모든 것이 축복의 결과로 나타납니다. 얼마나 신나는 말씀입니까?

  그렇습니다. 하나님을 선택하는 자가 받는 보상은 이렇듯 놀랍습니다. 아브라함은 상상하지 못할 축복의 약속을 받았습니다. 우리 역시 하나님을 보상으로 선택하게 될 때 이와 같은 은혜를 받게 될 것입니다. 사람들이 아무리 아니라고 우리에게 항변할지라도, 지금 실수하는 것이라고 네가 받는 고난을 생각해보라고 아무리 말릴지라도 하나님이 보상이 될 때 우리는 세상 사람들이 상상할 수 없는 축복을 얻게 될 것입니다.

여유와 감사를 선택하라

  아브라함이 세상의 즐거움을 내려놓고 외롭고 힘든 고난의 길을 선택한 것은 오직 하나님만이 그의 소망이 되심을 확신하였기 때문입니다. 우리는 그의 삶을 '여유와 감사'라고 정의할 수 있습니다. 그것은 아무리 급한 상황에서도 그의 모습에서 '여유와 감사'를 찾을 수 있기 때문입니다. 조카 롯의 목자들과의 다툼은 생존을 위한 투쟁이라 할 수 있습니다. 지금 밀리면 가족이, 가문 전체가 위험에 빠질 수도 있습니다. 롯의 목자들은 자신들이 결코 아브라함에 속해 있다고 생각하지 않았습니다. 이들은 급박함 가운데 더욱 거칠게 항의하고 자신들의 권리를 주장하였습니다. 아브라함의 목자들 역시 그들에게 배신감을 느끼며 강하게 대응하였습니다.

여기서 중요한 것은 아브라함의 자세입니다. 그는 화평을 택했습니다. 그리고 그 선택에 있어서도 모든 권한을 조카에게 부여했습니다. 이와 같은 그의 모습을 통해 우리는 '여유와 감사'를 찾을 수 있습니다.

우리 역시 우리를 강하게 압박하는 수많은 사건을 접하게 됩니다. 하지만 아브라함과 같이 하나님이 보상이 되신다는 강한 확신을 갖고 있는 사람은 이처럼 '여유와 감사'가 삶에서 나타나기 마련입니다. 억울한 일이 분명한데 그의 얼굴에는 미소가 있습니다. 분명 불리하게 결론이 났고 이 일로 그가 패한 것이 분명한데 그는 웃음으로 화답합니다.

왜 그렇습니까? 하나님이 그의 마음에 '여유와 감사'를 주셨기 때문입니다. 인생은 단거리 달리기가 아닙니다. 지금 출발하라고 소리치고 바로 그만을 외치지 않습니다. 달리고 달려도 끝이 보이지 않습니다. 한참을 달리고 돌고 돌아도 계속해서 달려야 하는 것이 인생입니다. 우리의 인생은 하나님께 달려있습니다. 지금 당장은 승리하는 것 같고 많은 이득을 취한 것 같지만 결국엔 하나님 안에 있는 자가 승리합니다. 우리는 그 결과를 알고 확신하기에 어떤 선택을 하든 웃을 수 있습니다. '여유와 감사'가 삶의 기본이 됩니다.

아브라함을 보십시오. 하나님을 의지하니 하나님이 그의 보상이 되었습니다. 물론 그의 현재는 아무것도 변한 것이 없습니다. 물이 없는 곳으로 가야했고 거친 지역으로 가야했습니다. 하지만 그가 가는 길에는 하나님의 인도와 보호가 있습니다. 그리고 미래가 있습니다. 하나님이 보상이 되어주실 것을 확신하고 그 언약을 받았기에 아브라함의 얼굴에는 미소가 끊이지 않습니다. 하나님을 바라보고 확신하는 자에게는 '여유와 감사'가 떠나지 않습니다.

감사는 선택이다

토미 뉴베리는 『기쁨 충만한 삶의 비결 4:8』에서 감사의 본질을 설명하면서 감사가 가진 중요한 특징을 정의 내렸습니다. 그것은 바로 '감사는 선택'이라는 것입니다.[7] 이것은 스스로 결단하여 하나님을 바라보겠다고 의식적으로 선택하는 것입니다. 아브라함이 최종적으로 여유와 감사를 얻게 된 것은 하나님만을 바라보겠다는 선택의 결과입니다. 아브라함이 현재의 삶, 바로 지금의 삶을 주님을 위해 내려놓았다는 것이 중요합니다.

우리는 매일의 삶에서 현재를 놓지 않으려 합니다. 조금이라도 이

---

7. 토미 뉴베리, 『기쁨 충만한 삶의 비결 4:8』, 정성묵 역 (넥서스cross 2008), p.208.

익이 되지 않는다면, 그것이 나에게 보탬이 되지 않는다면 과감하게 포기하고, 이익을 위해 싸우고자 합니다. 이와 같은 모습은 조카 롯과 다를 바 없습니다. 물론 롯은 당장 유익을 얻었습니다. 좋은 목장을 얻었고, 짐승을 위한 물을 얻었습니다. 그리고 그의 마음을 기쁘게 하는 도시와 점점 가까워집니다. 이 도시는 상상할 수 없는 쾌락과 기쁨을 그에게 안겨 줍니다. 이 선택을 조금도 후회하지 않습니다. 하지만 그 결과 어떻게 되었습니까? 그는 하나님과 점점 멀어졌고 그의 가족들 또한 하나님의 은혜에 관심이 없어졌습니다. 결국은 죄악의 도시 소돔이 그들을 삼켜 버렸습니다. 죄악은 벗어날 수 없는 사슬로 롯의 가족들을 묶어 버렸습니다. 하나님이 심판으로 부수기 전까지 결코 탈출할 수 없었습니다. 심지어 끔찍한 심판이 이루어지기 직전까지도 그 성을 떠나려 하지 않았습니다. 천사들이 등을 떠밀고 손으로 끌어내기 전까지 그들은 움직이지 않았습니다. 이것이 바로 죄악의 힘입니다.

여러분은 어떤 선택을 하시겠습니까? 일시적인 이익입니까? 영원한 감사입니까? 우리의 눈을 현재에 고정시켜서는 안 됩니다. 당장은 여러분에게 기쁨이 될 것이지만 그것은 결국 여러분을 롯과 같이 죄악의 도시로 이끌어 갈 것입니다. 그때는 돌이키고 싶어도 몸과 마음이 말을 듣지 않습니다. 죄악은 여러분을 지독하게 끌어당길 것입니다. 하나님을 선택하십시오. 하나님은 여러분을 영원한 감사로 이끌어 가실 것입니다. 아브라함의 여유와 감사의 웃음이 하나님을 선택한 여러분에게 임하게 될 것입니다.

집에 가는 길

사역자가 가장 기다리는 주일예배는 몇 부 예배일까? 하나님께 드리는 모든 예배가 특별하고 소중하지만, 그중에서도 오후예배는 사역자에게 소중한 시간입니다. 그것은 찬양의 첫 시간부터 기대하며 참여할 수 있기 때문입니다.

오후예배에 참석하는 성도님들은 오전에 대예배를 마치고, 교사로서 부서를 섬기고, 성가대원으로 예배 전후 연습을 하기도 합니다. 식당에서 점심 식사 준비와 설거지로 섬기고, 매캐한 공기를 마시며 주차장에서 헌신합니다. 새벽부터 엄청나게 많은 사역을 마친 성도님들은 하나님의 말씀을 기대하며 피곤한 눈을 부릅뜨고 예배당에 모입니다. 하나님은 분명히 오후예배를 기쁘게 받으실 것이라고 생각합니다. 왜냐하면 '은혜를 기대하며' 드리는 예배이기 때문입니다.

오후예배를 마치고 뒷정리를 하는 도중 문제를 만났습니다. 10명이 넘는 집사님, 권사님들께서 교회 앞에서 불편한 표정으로 무언가를 기다리고 있었습니다. 불편한 것이 무엇인지 여쭤보니, 오후예배가 끝난 지 20분도 더 지났는데 교회 차가 운행을 하러 오지 않고 있었습니다. 자초지종을 알아보니, 운행을 맡고 계신 집사님이 깜박하고 귀가하셨던 것이었습니다. 가만히 있을 때가 아니라는 것을 직감적으로 알아차리고, 바로 교회 차를 가지고 나왔습니다.

본래 20인이 넘게 타는 버스로 운행되어야 할 인원이 12인승에 타니 모두 좁게 앉아야 했습니다. 새벽부터 시작된 주일사역을 마치고 기분 좋게 집에 돌아가려 하였으나 30분이나 지체되어 버렸습니다. 적막함과 불편한 분위기 속에서 이 상황을 어떻게 풀어나가야 할지 빠르게 고민하기 시작하였습니다. '안전하고 빠르게 모셔다 드리겠다고 말씀드려야 할까?', '라디오라도 틀어서 분위기를 전환시켜야 할까?'라고 여러 가지 많은 방법들을 떠올려 보았지만, 불편한 마음을 풀어드릴 방법은 생각나지 않았습니다. 그러나 그때 불현듯 떠오르는 문장이 있었으니, 바로 "그래도 웃어보세요"였습니다.

교회에서 많이 들어보았지만 입 밖으로는 한 번도 꺼내보지 않았던 말, "그래도 웃어보세요"를 처음으로 말한 순간이었습니다. 그때 놀라운 일이 벌어졌습니다. 불편한 표정을 짓고 계시던 성도님들이 조그마한 미소를 띠며 "맞아, 그래도 웃어야지!", "담임 목사님이 하신 말이 딱 이때 쓰라고 하신 말씀이었네!"라며 동조하셨습니다.

목사님의 "그래도 웃어보세요"라는 말은 분노에서 용서를 발견하게 하였으며, 기쁨까지 찾아올 수 있게 도와주었습니다.

하나님을 찬양하고 기쁘게 예배드리며 살아가려고 노력할수록, 사탄은 우리의 연약한 부분을 이용하여 넘어뜨리려 합니다. 그럴 때일수록 꼭 기억하고 가슴에 새겨야 할 문장은 "그래도 웃어보세요", "그래도 예수님 안에서 활짝 웃어보세요"가 아닐까 싶습니다.

이경민 유년부 전도사

웃음과 인사와 기도가 어우러지는 교회

Be joyful always; pray continually; give thanks in all circumstances.

나의 가장 친한 친구의 외손자를 따라 73년을 지켜오던 모교회와 대구 고향을 떠나 동탄으로 이사를 와 이곳에 있는 교회를 7개월 동안이나 두루 다니다 2개월 전에 동탄시온교회에 안착하였습니다.

'인사만 잘해도 먹고는 산다'는 교회 표어가 걸려 있는 대성전에 무릎을 꿇었습니다.

이사 온 후 집과 동탄시온교회에 새벽기도를 나가던 중 전 성도가 도전하는 '새벽기도 총진군'에 참석하였습니다.

첫날, 새벽 5시에 집사람과 함께 대성전으로 들어가려는데 벌써 성도들이 꽉 차서 문이 닫혀 있었습니다.

"아니 벌써!"

이게 어찌된 영문인지요. 어린 아이들에서부터 모든 성도가 초롱초롱한 눈빛으로 새벽을 깨우고 있었습니다.

우리 부부는 너무 놀랐습니다. 그래서 그냥 웃고 말았습니다.

놀랐을 때에도 웃음이 나온다는 것을 새삼 깨달은 새벽이었습니다.

이 웃음은 과연 무슨 뜻의 웃음일까요?

동탄시온교회는 또 하나의 아름다운 말이 있습니다.

"그래도 웃어보세요."

하근수 목사님의 좌우명 같은 말이기도 합니다.

목사님은 늘 잔잔한 미소를 가지고 강단에 서십니다. 목사님의 삶의 현장이 그리 만만치만은 않을 터인데 우리는 그분의 미소에서 모든 것을 품는 깊은 은혜를 느낄 수 있습니다.

이렇게 웃음과 인사와 기도가 어우러지는 교회!

이 시대에 꼭 필요한 교회가 아닌가 싶습니다.

전 교인이 도전하는 동탄시온교회의 '새벽기도 총진군'은 반드시 우리 민족을 살리고 한국교회의 선봉이 될 것임을 확신합니다.

"동탄시온교회 화이팅!"

류상락 원로장로

5장

기쁨을 고백하라

Be joyful always; pray continually; give thanks in all circumstances,

마가복음
9:23-24

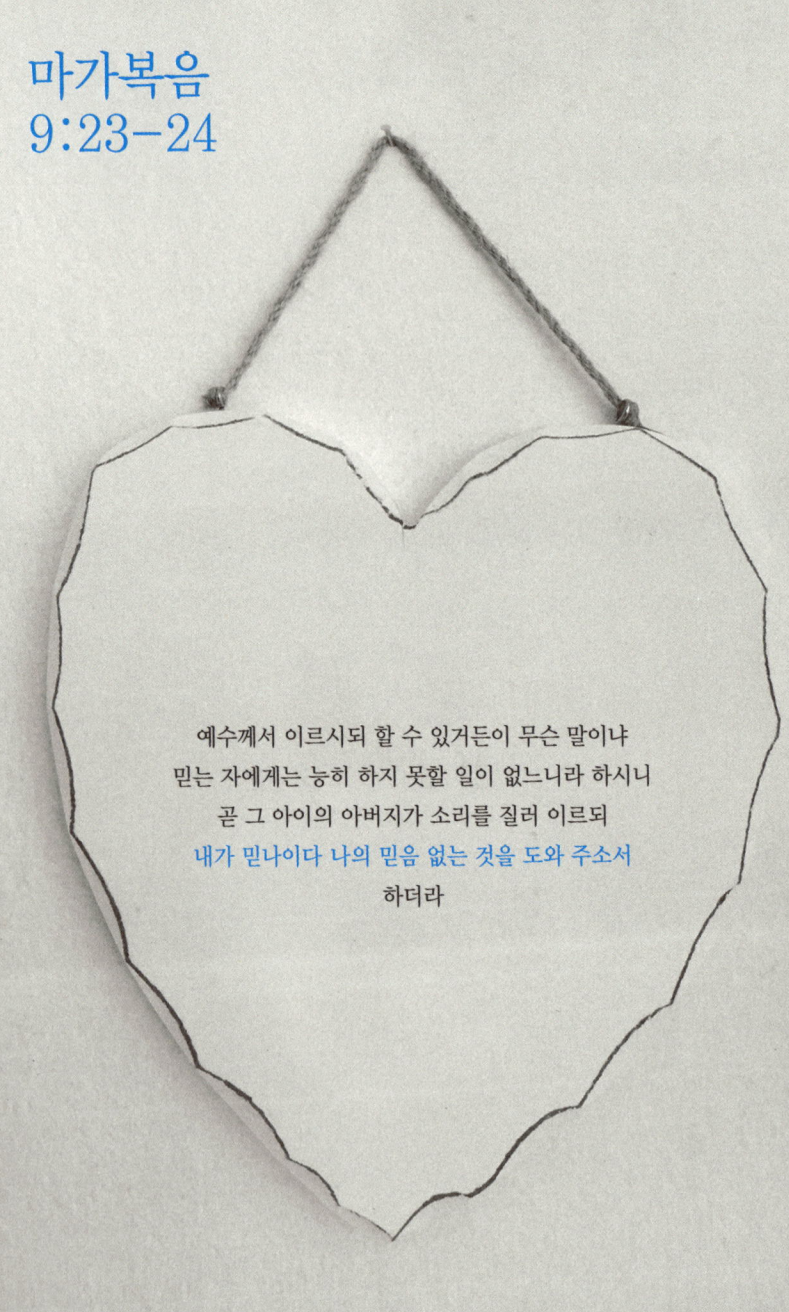

예수께서 이르시되 할 수 있거든이 무슨 말이냐
믿는 자에게는 능히 하지 못할 일이 없느니라 하시니
곧 그 아이의 아버지가 소리를 질러 이르되
내가 믿나이다 나의 믿음 없는 것을 도와 주소서
하더라

05

고백은 자신의 약함을 드러내고 의지를 강하게 하며 삶을 교정하는 기능을 갖고 있습니다. 따라서 기쁨을 고백하라는 명령은 자신의 연약함을 드러내는 동시에 기쁨의 삶을 온전히 살지 못하는 자신을 교정하라는 의미입니다. 결국 기쁨을 고백하는 삶은 우리를 더욱 기쁨으로 나아가게 하는 훈련이 됩니다.

월 보웬은 『행복하다 행복하다 행복하다』라는 책에서 다음과 같이 말합니다.

> 나는 행복한 사람들과 얘기하면서 그들이 예외 없이 자신을 행복한 사람이라고 생각한다는 것을 발견했다. 행복은 의식적인 선택이다. 그것은 당신 자신을 묘사하는 방식이다. 당신 자신을 행복한 사람이라고 말하기 시작하면, 그것을 증명해주는 증거들이 저절로 나타나기 시작할 것이다.[8]

---

8. 월 보웬, 『행복하다 행복하다 행복하다』, 이종인 역 (세종서적, 1992), p.78-79.

이는 자신이 고백하는 말에 따라 자신의 삶이 정의된다는 것을 의미합니다. 다시 말해 자신이 행복하다고 외친다면 그 행복이 자신의 삶에서 증명된다는 것입니다. 이와 같은 정의는 웃음에도 그대로 적용될 수 있습니다. 우리가 주 안에서 기쁨 가운데 거하며 언제나 웃음의 삶을 살기를 결단한다면 우리는 웃음의 사람이 될 수 있습니다.

월 보웬은 자신이 서술하는 그대로 자신이 정의된다고 말하며 자신을 행복한 사람이라고 생각한다면, 그것으로 이미 행복한 것이 된다고 말합니다. 그러면서 그는 틈만 나면 "나는 행복하다"라는 말을 거듭 확인할 것을 요청합니다. 운전할 때나, 집 안 청소를 할 때나, 샤워를 할 때나 이를 반복하고, 막 잠들려고 하는 순간에도 반복하라고 조언합니다.[9] 이것은 바로 우리의 잠재의식을 기쁨으로 물들게 하는 아주 좋은 방법이 될 것입니다.

억지로라도 웃으려 노력할 때 우리의 마음은 이미 기쁨으로 가득 차게 될 것입니다.

고백이 우선이다

고백처럼 우리의 결단과 감정을 고조시키는 것은 없습니다. 예수님

---

9. 월 보웬, 『행복하다 행복하다 행복하다』, p.84.

은 우리에게 이와 같은 고백을 요청하십니다. 우리는 대표적인 예를 귀신 들린 아이의 아버지에게 명하신 예수님의 명령에서 찾을 수 있습니다.

예수님이 베드로와 야고보와 요한을 데리고 따로 높은 산에 올라가셨습니다(막 9:2). 예수님은 그곳에서 변화된 모습을 제자들에게 보여주셨고, 엘리야와 모세와 함께 이야기하시는 모습 또한 보여주셨습니다. 이때 제자들은 놀라운 하나님의 음성을 들었습니다. 제자들은 너무 황홀하여 정신을 잃을 정도가 되었습니다. 놀라운 사건을 목격한 이후 제자들은 예수님과 함께 산에서 내려왔습니다. 이때 그들 앞에 귀신 들린 아이로 인해 큰 소동이 일어난 것을 목격하게 되었습니다. 이와 같은 소동이 문제가 된 것은 큰 무리가 지켜보는 가운데 서기관들이 제자들을 비판하고 있었다는 사실입니다. 제자들은 귀신을 내쫓지 못하고 쩔쩔매고 있었던 것입니다. 바로 그때 예수님이 돌아오셨습니다. 제자들의 마음은 얼마나 기뻤을까요?

예수님은 그동안의 상황을 들으시고 귀신 들린 아이를 데려올 것을 명하셨습니다. 귀신은 예수님을 보자 아이로 경련을 일으켜 땅에 엎드러져 구르며 거품을 흘리게 했습니다. 상황이 급박해지자 아이의 아버지는 예수님께 간절히 구했습니다. 아버지의 고백은 "무엇을 하실 수 있거든"이었습니다. 그는 예수님이 자신의 아이를 고치실 수 있다는 확신을 전혀 갖고 있지 않았습니다.

예수님은 "믿는 자에게는 능히 하지 못할 일이 없다"고 하시며 그의 믿음 없음을 꾸짖으셨습니다. 그제야 그는 자신의 믿음을 고백합니다. "내가 믿나이다. 나의 믿음 없는 것을 도와주소서!" 그의 고백을 찬찬히 살펴보면, 확신이 있어서 고백을 한 것이 아님을 알 수 있습니다. 예수님을 의지하고 고백한 것입니다.

다시 말하면, 고백하라고 명하신 예수님의 명령에 순종한 것입니다. 예수님은 그의 고백을 받으셨습니다. 비록 흔들리지 않는 굳건한 믿음의 고백은 아니지만, 예수님을 의지하여 자신의 연약함을 고백한 것입니다.

이 사건을 통해 우리가 배울 수 있는 것은 고백이 우선이라는 사실입니다. 먼저 우리 입술로 고백할 때 그 고백이 우리의 삶을 인도한다는 것입니다. 이는 앞서 말한 윌 보웬의 말을 생각나게 합니다. 일단 믿음을 고백하니 그 고백이 그를 믿음의 길로 인도한 것입니다. 우리의 삶도 이와 같습니다. 우리가 기쁨을 주시는 하나님을 확신하고 믿음을 갖고 기쁘다고 고백하면 우리의 삶은 기쁨과 웃음으로 가득 차게 됩니다.

자신은 믿음이 없지만 믿음 없는 것을 도와 달라며 "내가 믿나이다"라고 말한 그 고백을 예수님은 어떻게 대하셨습니까? 예수님은 그 고백을 믿음으로 받아들이셨습니다. 믿음이란 하나님이 주시는 은혜입니다. 온전한 믿음 역시 하나님의 도움 없이는 불가능합니다.

예수님을 의지하여 믿음을 고백한 그의 고백은 옳았던 것입니다.

기쁨을 원하는 우리에게 귀신 들린 아이를 가진 아버지의 고백은 동일하게 유효합니다. 우리 역시 우리의 힘으로 온전히 기뻐하는 것은 불가능하기 때문입니다. 기쁨을 갖고 싶지만 이 기쁨을 어떻게 얻을 수 있을지 모릅니다. 아무리 노력해도 할 수 없습니다. 하지만 귀신 들린 아이의 아버지와 같이 하나님을 의지하여 기쁨을 고백할 수 있습니다.

"하나님! 제가 믿습니다. 저의 믿음 없음을 도와주소서. 저에게 기쁨을 주옵소서"라고 말입니다. 이와 같은 고백은 자신의 능력을 따라 한 것이 아니라고 질책하며 진정성이 없는 고백이라 말할지도 모릅니다. 하지만 이와 같은 고백은 하나님을 의지하기 때문에 가능한 고백입니다. 나의 속을 들여다보면 진정으로 웃을 수 있는 이유를 전혀 찾을 수 없고 그 근거도 알 수 없지만, 오직 기쁨의 근원이신 하나님을 의지하며 하나님을 소망하는 가운데 기쁨을 고백하는 것입니다. 하나님은 하나님을 의지하는 우리의 고백을 진정한 것으로 받으십니다. 하나님은 우리가 하나님을 의지하여 하는 고백에 따라 우리를 참된 기쁨으로 인도하실 것입니다.

감정은 이후의 문제이다

귀신 들린 아이의 아버지가 고백하는 순간에 충만한 믿음을 느꼈을까요? 그렇지 않습니다. 예수님을 의지해 고백하는 그 순간에도 그의 마음은 충만함과는 거리가 멀었습니다. 그렇기 때문에 그는 더욱 간절히 예수님을 부르며 바라보았던 것입니다. 진정한 믿음은 주님이 주실 때만이 가능합니다. 여기서 중요한 것은 감정은 고백 이후에 온다는 사실입니다. 물론 고백과 함께 감정이 동반하기도 합니다. 하지만 대부분은 고백이 먼저요, 감정이 그 후에 따라온다는 것입니다. 이와 같은 현상은 우리가 감정을 의지해서는 안 되는 이유이기도 합니다. 감정을 믿음의 전부라고 생각해서 감정만을 끌어올리려 한다면 우리는 믿음이 아닌 미신적 행위에 집착하게 될 것입니다.

우리는 감정이 고백 이후에 따라 온다는 대표적인 예를 억지로 십자가를 메었던 구레네 시몬에게서 찾을 수 있습니다(막 5:21). 성경에 나타난 구레네 시몬에 대한 소개는 황당하기까지 합니다. 이전까지 그에 관한 소개가 전혀 없다가 사건이 일어나는 순간 간략하게 그의 이름만 나옵니다. 따라서 우리는 구레네 시몬에 관한 정보를 알 수 없습니다. 다만 그가 예수님이 십자가를 메고 골고다 길을 올라가는 그곳에서 갑자기 병사들의 눈에 띈 것으로 시작됩니다. 예수님은 그전에 채찍으로 많이 맞으셔서 온몸이 찢겨 피투성이가 되셨습니다. 너무 많은 피를 흘려 정신도 혼미하고 무거운 십자가를 들 수 있을 만큼 힘이 남아있지 않으셨습니다. 분명 예수님은 십자가를 들다가 자주 넘어지셨고 이제는 도저히 혼자의 힘으로 일어설 수도 걸을 수도 없게 되셨습니다. 그러자 로마 군인은 갑자기 지나가던 구레네 사람 시몬을 잡아 억지로 십자가를 지게 하였던 것입니다.

구레네 시몬의 입장에서는 날벼락과 같은 일이 아닐 수 없습니다. 아무 죄도 없는데 갑자기 십자가를 지라니요? 당장 도망가고 싶었을 것입니다. 하지만 무서운 로마 군인이 지키고 있어서 그렇게 할 수 없었습니다. 할 수 없이 십자가를 지고 골고다 언덕 끝까지 올라갈 수밖에 없었습니다. 그는 과연 어떤 생각을 하였을까요? 그는 과연 무엇을 보았을까요? 아마 마음이 엄청 복잡했을 것입니다. 피를 흘리며 걸어가는 예수님을 바라보며 마음속에 여러 의문들이 꼬리를 물고 일어났을 것입니다. '예수님은 놀라운 말씀을 증거하며 수많은 병자들을 낫게 하신 선지자로 알고 있었는데 갑자기 무슨 일로 잡히신 걸까? 그는 무슨 죄목으로 잡히신 것일까? 왜 십자가를 져야 할까? 나는 왜 이렇게 잡혀서 이 십자가를 대신 져야 할까?'라고 말입니다.

하지만 십자가에 달리신 예수님을 보며 점차 그의 마음에 확신이 생겼을 것입니다. '그는 과연 하나님의 아들이시요, 만왕의 왕이시고, 우리 죄를 위해 십자가에 죽으셨다'고 말입니다. 결국 자신이 예수님 대신에 십자가를 지게 된 것은 억울한 일이 아니었습니다. 오히려 가장 영광스러운 일이었습니다. 어느 누가 하나님의 아들이요, 우리의 죄를 위해 십자가를 지신 예수님을 직접 도울 수 있는 영광을 얻을 수 있었겠습니까? 이후 그에게 이 사건은 그의 평생을 걸쳐 하나님께 감사드릴 수 있는 가장 영광스러운 일이 되었을 것입니다.

우리는 당장의 감정에 집중을 합니다. 나의 마음을 움직여 달라고 말합니다. 지금 마음이 기쁘지 않은데 어떻게 약속을 믿고 웃을 수 있냐고 말합니다. 하지만 아닙니다. 감정은 뒤에 따라 오는 것입니다. 먼저 행동하십시오. 억지로라도 자신을 움직이게 해달라고 기도하십시오. 하나님은 당신의 행동에 믿음과 큰 확신을 더하실 것입니다.

행동은 감정을 인도한다

김문성의 『알다 보다 잡다』라는 책에서 재미있는 이론을 소개합니다. 그것은 톰킨스의 '안면 피드백 가설' 입니다. 이것은 웃는 얼굴이 즐거운 기분을, 화난 얼굴이 불쾌한 기분을 일으킨다는 것입니다.[10] 이 가설을 실생활에 적용한다면 우울할 때 입아귀를 위로 올리고 웃는 모습을 하고 자신의 모습을 거울로 비쳐보는 것입니다. 그럴 때 자신도 모르게 침체되어 있던 기분이 조금씩 풀어지는 것을 발견하

10. 김문성 편저, 『알다 보다 잡다』 (스타북스 2017), p.57.

게 된다고 합니다. 감정을 느끼는 우리의 뇌는 시각과 청각에 의존합니다. 그래서 진심이 담기지 않은 웃는 모습이라 하더라도, 만들어진 웃음이라 하더라도 침체되어 있던 기분을 회복시키는 데 도움을 줍니다. 그래서 이와 같은 이론을 방송국에서 많이 이용합니다. 그렇게 재미있는 대화나 주제가 아님에도 옆에 함께 출현한 출연자들이 배를 잡으며 구르고 만들어진 웃음 음향 효과로 가득 채울 때, 이를 보는 시청자들은 정말 재미있는 것으로 받아들이고 함께 웃는 것입니다.

 우리는 이와 같은 이론에서 '행동이 감정을 인도한다' 는 사실에 동의하게 됩니다. 우리가 먼저 기쁨과 웃음을 실천한다면 어느새 감정도 우리를 따라 옵니다. 우리는 그와 같은 예를 구레네 시몬을 통해서 보았습니다. 신앙 고백도 없었던 구레네 시몬은 어느 날 갑자기 십자가를 지게 되어 힘겹게 예수님을 따라가다가 결국 예수님이 누구이신지를 깨닫고 믿음으로 고백하는 놀라운 일이 벌어지게 된 것입니다. 성경은 구레네 시몬이 예수님을 따르면서 일어난 마음의 변화를 기록하고 있지 않습니다. 다만 그의 아들인 '알렉산더와 루포' 를 소개함으로 이후에 그의 마음에 어떠한 변화가 나타났는지 추론하게 합니다(막 15:21). 로마서에는 사도 바울이 은혜를 입은 사람들을 하나씩 소개하며 인사를 시키는 장면이 나옵니다. 여기에서 바울은 '루포와 그의 어머니' 를 소개하며, 그의 어머니를 내 어머니라고 말합니다(롬 16:13). 이와 같은 표현은 루포의 어머니의 믿음이 바울에게 큰 영향을 끼칠 정도로 높을 뿐 아니라 그녀의 믿음이 복음에 크게 기여했음을 알게 합니다. 결국 억지로 십자가를 진 아버지 시몬이 믿음의 연결점이 되어 그의 아내도, 그의 아들도 깊은 믿음의 사람이 되었던 것으로 추정할 수 있습니다.

그러므로 우리는 감정에 집중해서는 안 됩니다. 감정이 생기지 않는다고 주저해서는 안 됩니다. 감정이 생길 때까지 기다리는 것은 어리석은 행동입니다. 우리는 주의 명령에 순종해야 합니다. 주님을 의지하여 행함으로 따를 때 우리의 감정 또한 이를 따라 오게 될 것입니다. 주님은 주의 명령에 행함으로 순종하는 우리에게 기쁨의 감정이 따르도록 은혜를 주실 것입니다.

믿음으로 기쁨을 고백하라

우리가 주님을 의지하며 실천해야 할 가장 중요한 것은 바로 '기쁨을 고백하는 것' 입니다. 그 기쁨이 눈에 보이지 않더라도, 지금 당장 기쁨을 누리고 있지 않더라도 기쁨을 고백해야 합니다. 고백은 믿음입니다. 주님이 약속하신 대로 반드시 그 기쁨을 주실 것이라는 확신을 가져야 합니다. 우리는 이와 같은 믿음으로 고백해야 합니다. 비록 그 일이 분명하게 믿어지지 않고, 내 안에 확신이 없더라도 주님을 의지하며 믿음으로 고백해야 합니다. 귀신 들린 아이의 아버지는 예수님께 간절히 외쳤습니다.

> 내가 믿나이다 나의 믿음 없는 것을 도와주소서
>
> 막 9:24

주님은 우리의 간절한 고백을 믿음으로 받아주십니다. 때로는 우리의 감정이 우리의 행동을 막기도 합니다. 하지만 그럴 때에도 주님을 바라보며 실행으로 나아가야 합니다. 감정은 우리의 행동을 따라 쫓아옵니다. 구레네 시몬이 우리에게 본이 될 수 있는 것은 그가 행함으로 이와 같은 사실을 입증했다는 데 있습니다. 그는 먼저 행함 가운데 믿음을 얻었습니다. 이제 우리도 주님의 명령에 따라 기쁨을 실천해야 합니다.

여러분의 기쁨을 고백하십시오. 주님이 당신을 붙잡아 주실 것입니다. 당신의 마음에 기쁨이 전혀 없을 수 있습니다. 하지만 주님을 믿으십시오. 주님을 의지하십시오. 귀신 들린 아이의 아버지가 한 고백이 여러분의 고백이 되기를 바랍니다.

"주님! 제가 믿습니다. 저의 믿음 없는 것을 도와주옵소서! 이제 기뻐하기를 원합니다. 제 마음에 주님의 기쁨이 넘치게 하옵소서!"

분명 주님은 우리의 마음에 놀라운 은혜를 주실 것입니다. 놀랍게도 주님은 여러분의 마음을 움직여 주실 것입니다. 성령님이 여러분을 위해 뜨겁게 기도하며 힘을 더해 주실 것입니다. 주님의 은혜로 환경도 변화될 것입니다. 작은 입을 벌려 기뻐하게 해달라고 기도했을 뿐인데, 그리고 주님을 의지하여 기뻐할 것이라고 고백했을 뿐인데 주님은 놀랍게 역사해주실 것입니다. 여러분들에게 이와 같은 주님의 기쁨의 은혜가 지금 시작되기를 원합니다.

그리스도인의 향기, 웃음

Be joyful always; pray continually; give thanks in all circumstances.

두 명의 아들을 기르다 보니 소소하게 웃고 우는 일들이 많습니다. 하지만 주위에서 저에게 아들 둘 키우는 엄마 같지 않고 늘 잘 웃어서 보기 좋다는 얘기를 해 주십니다. 감사하게도 저를 웃게 하는 다섯 남자가 있습니다. 첫째는 친정아버지, 둘째는 웃으시는 모습만 봐도 힘이 되는 우리 담임 목사님, 남편, 그리고 두 명의 아들입니다.

인상도 좋으시고 인사와 웃음을 강조하시는 목사님의 가르침을 따라 생활하다 보니 어느덧 웃음과 인사가 삶의 원동력이라는 것을, 그리고 관계에서 참 중요하다는 사실을 깨닫습니다. 늘 웃는 모습이야말로 그리스도의 향기라는 것을 잊지 않으며 동네와 주위의 아이 친구 엄마들에게 그리스도의 향기를 전하고자 노력하고 있습니다.

이은선 집사

웃음의 본

부흥회 첫날 새벽기도에 기도를 하라고 갑자기 전화가 왔습니다. 저는 "네, 전도사님!"이라고 대답을 하고 기도를 준비하기 위해 기도하였습니다. 갑자기 제 마음에 감동이 왔습니다.

'소중한 딸 지원이가 초등학교 2학년이지만 대표로 기도하면 좋겠다' 라고 말입니다.

저는 지체하지 않고 딸에게 물었습니다.

"지원아, 이번 새벽기도에 지원이가 기도하면 좋을 것 같아, 어떻게 생각해?"

딸이 대답했습니다.

"하기 싫지만… 하나님이 시키면 해야죠."

저는 순간 당황했습니다. 저는 당연히 "싫어요"라는 대답을 예상했습니다. 저는 기쁨을 감추고 기도문의 기본을 가르쳤습니다. 딸은 기도문을 술술 써가더니 질문을 합니다.

"엄마! 마지막에 목사님 기도는 어떻게 써야 해요?"

"응! 지원아 목사님 뵈면 뭐가 생각나?"

바로 대답합니다.

"히히 항상 밝게 웃으시는 모습이죠."

말하는 아이의 모습이 웃고 있었습니다. "호호호!" 듣는 나도 따라 웃었습니다.

웃음은 전염성이 있습니다. 영적 아버지가 항상 웃으니 우리도 늘 따라 웃습니다. 웃으니 어둠은 휘리릭~휙 속히 도망갑니다. 말씀이 살아 있는 교육, 예수님의 능력이 삶에서 나타나는 교육, 이것이 제가 섬기는 동탄시온교회의 힘입니다.

이곳 있음에! 제 잔이 넘치나이다! 할렐루야~

한희진 집사

지원이의 기도문

Be joyful always; pray continually; give thanks in all circumstances.

"예수님이 우리를 사랑하는 것을 아는 지혜로운 자가 되게 해 주세요. 예수님 사랑을 믿고, 무엇을 하든지 강하고 담대하게 도와주세요. 항상 밝게 웃으시는 하근수 목사님 축복해주세요. 오늘 말씀을 전하시는 목사님 축복해 주세요. 십자가에서 돌아가신 예수님 우리에게 평안을 주시는 예수님 사랑해요. 예수님의 이름으로 기도합니다. 아멘."

최지원 어린이

6장

그래도 웃어보세요

Be joyful always; pray continually; give thanks in all circumstances.

룻기
1:20-21

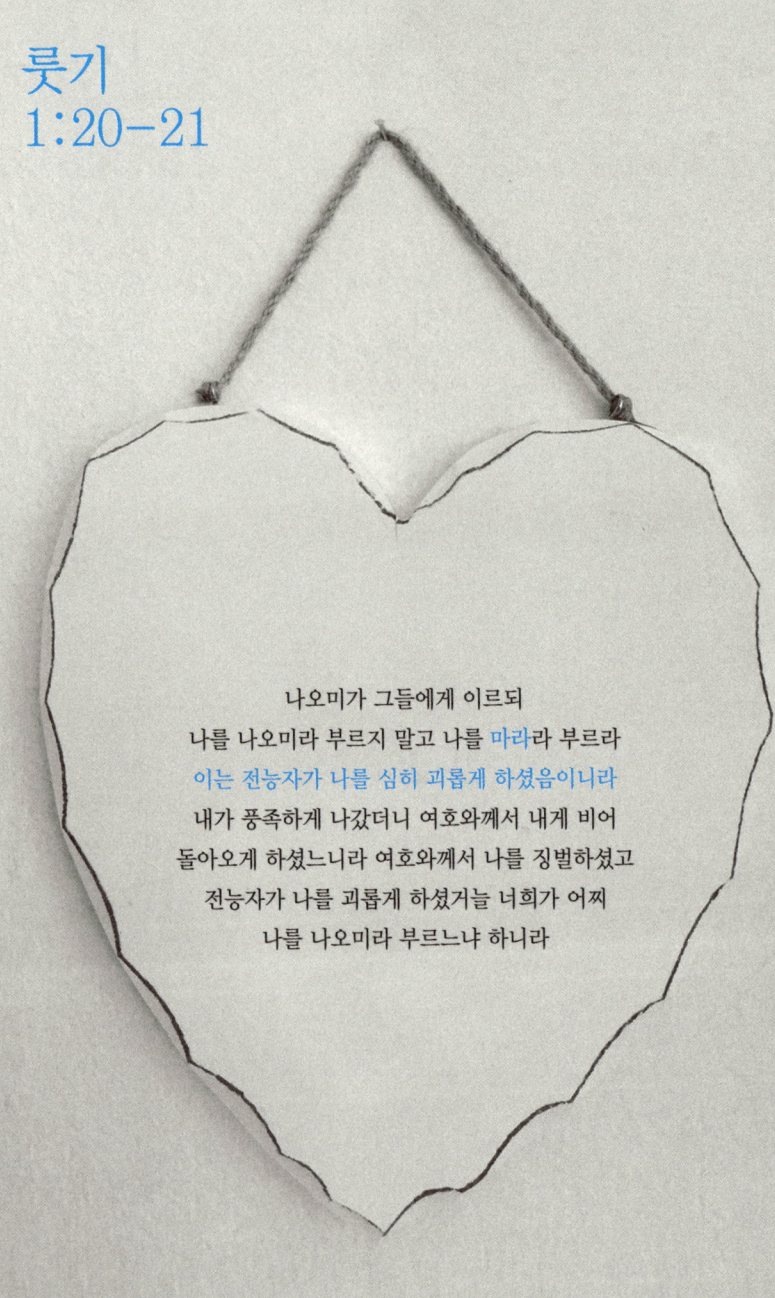

나오미가 그들에게 이르되
나를 나오미라 부르지 말고 나를 마라라 부르라
이는 전능자가 나를 심히 괴롭게 하셨음이니라
내가 풍족하게 나갔더니 여호와께서 내게 비어
돌아오게 하셨느니라 여호와께서 나를 징벌하셨고
전능자가 나를 괴롭게 하셨거늘 너희가 어찌
나를 나오미라 부르느냐 하니라

06

제가 교회에서 저희 성도님들에게 가장 많이 하는 말 중 하나는 바로 "그래도 웃어보세요"입니다. 우리가 냉철하게 주위를 돌아보면 웃어야 할 일보다 울어야 할 일이 많음을 알게 될 것입니다. 우리의 삶은 황량합니다. 믿고 의지할 데가 없습니다. 현실은 가혹합니다. 매일의 생활을 염려로 채울 때가 많습니다. 그렇기 때문에 성도님들이 저에게 와서 하는 고백의 많은 부분이 고난과 근심과 염려입니다. 성도님들은 많은 고백을 하신 후 "목사님! 정말 어떻게 해야 할까요?"하고 묻습니다. 그때마다 제가 드리는 말씀은 바로 "그래도 웃어보세요"입니다. 삶이 힘들지만 하나님이 우리를 통해 이루실 승리를 소망하며 웃음으로 맞이하라는 뜻입니다. 우리가 우리에게 다가오는 고난을 하나님을 소망하며 웃음으로 대할 때 이는 분명히 우리에게 기쁨으로 돌아오게 될 것임을 확신합니다. 주님은 결코 우리에게 헛된 약속을 하지 않으십니다. 우리에게 기쁨을 주실 것입니다.

저는 성도님들에게 "그래도 웃어보세요"라고 말할 때마다 나오미가 떠오릅니다. 그것은 나오미만큼 비참한 사람도 없기 때문입니다.

이런 환경에서 나오미가 웃을 수 있었던 이유를 우리가 찾을 수 있다면, 그리고 그 이유를 우리가 적용할 수 있다면 우리는 서로를 향해 "그래도 웃어보세요"라고 말할 수 있게 될 것입니다.

스스로 자학하지 마라

나오미는 어떤 상황에 처해 있었을까요? 성경은 무엇이라고 말합니까? 우리는 나오미가 처했던 상황과 그녀의 마음을 자신의 이름이 '나오미'인 것을 거절하는 장면에서 알 수 있습니다(룻 1:20). '나오미'란 이름의 뜻은 '기쁨', '아름다움', '사랑스러움'입니다. 바로 그녀의 이름에 사랑스러운 기쁨과 웃음이란 뜻을 가지고 있었던 것입니다. 그녀가 자신의 이름을 거부한 이유는 그녀의 상황이 기쁨이나 즐거움과 전혀 다른 고난과 아픔 가운데 있음을 말하기 위함으로 생각할 수 있습니다.

그녀가 이처럼 자신을 소개한 이유는 그녀의 현재 상황에 있습니다. 그녀의 가족은 흉년이 크게 들었을 때 유다 베들레헴에서 모압 지방으로 떠났었습니다. 생계를 위해 고향을 등졌던 것입니다. 그녀의 마음 한쪽 구석에는 이곳 모압에서 크게 성공해서 큰 선물들을 들고 자랑스럽게 아들들과 며느리들 그리고 손주들과 함께 돌아오는 꿈을 갖고 있었을 것입니다. 하지만 모압에서 그녀의 삶은 그녀의 꿈과 정반대로 흘러갔습니다.

그녀에게 가장 큰 힘이 되었던 남편이 황망하게 세상을 떠났던 것입니다. 반려자의 죽음은 인생에 가장 큰 고통이 됩니다. 일반적으로 심리학자들은 마음에 받게 되는 스트레스를 지수로 환산할 때 반려자의 죽음을 가장 큰 100으로 설명합니다. 그녀는 남편의 죽음으로 가장 큰 충격을 경험했을 것입니다. 그녀는 기댈 수 있는 가장 큰 의지를 잃었습니다. 절망할 수밖에 없는 순간이었습니다. 하지만 여기서 결코 주저앉을 수는 없었습니다. 그것은 사랑스러운 두 아들이 아직 남아 있었기 때문입니다. 그녀가 절망에 빠져 모든 것을 놓게 되면 불쌍한 두 아들은 누가 돌보겠습니까? 그녀는 온 힘을 다해 두 아들을 키웠습니다. 그녀에게 희망은 두 아들뿐입니다. 드디어 두 아들이 장성하였습니다. 그녀는 이 두 아들을 모압 여인들과 결혼시켜 새로운 소망을 찾고자 하였습니다. 하지만 말도 안 되게 이 두 아들이 죽음을 맞이했습니다. 성경은 그 이유나 병명을 기록하고 있지는 않습니다. 하지만 정황을 봐서는 그들이 동시에 죽음을 맞이한 것 같습니다.

이에 반해 나오미는 희망의 소식도 들었습니다. 고향인 유다 베들레헴에 하나님이 양식을 주셨다는 것입니다. 하나님이 농사를 잘 짓도록 도우셔서 고향인 유다 베들레헴은 모두가 살 수 있는 풍요로운 곡식을 거둘 수 있었던 것입니다. 이제는 반대로 살기 위해 다시 고향으로 돌아가야만 했습니다. 그렇지만 그녀에게는 고민이 남아 있었습니다. 남은 두 며느리를 어떻게 하느냐는 것이었습니다. 아직 자녀도 없었기 때문에 나오미는 다시 그녀들의 고향인 모압으로 돌아갈 것을 권하였습니다. 나오미에게서 더 이상 희망을 찾을 수 없기 때문입니다. 하지만 며느리 룻은 끝까지 남아 그녀를 쫓아왔습니다. 시어머니와 하나님을 선택하고 따르는 며느리 룻을 더 이상 거절할 수 없었습니다.

나오미는 축 처진 어깨에 비틀거리는 걸음걸이로 며느리 룻과 함께 고향인 유다 베들레헴에 돌아왔습니다. 모두가 손가락질 할 것이라는 두려운 마음이 있었을 것입니다. 하지만 놀랍게 온 성읍이 나오미를 알아보고 반가운 목소리로 그녀를 환영하였던 것입니다. 나오미는 자신의 이름을 기쁨과 웃음을 연상시키는 '나오미'로 부르는 것을 거절하였습니다. 그것은 현재 그녀의 마음 상태를 대변합니다. 그녀는 자신의 이름을 '마라'로 다시 정의합니다. '마라'의 뜻은 '괴로움', '슬픔', '우울'입니다. 나오미의 현재 상태를 설명하기에 가장 적절한 표현이라 할 수 있습니다.

나오미의 이와 같은 모습에서 저는 자기 자신을 자학하는 우리들의 모습을 보았습니다. 우리 역시 우리가 가진 가치를 잊어버리고 '나는 쓸모없는 사람이야', '나는 세상에 존재할 가치가 없어'라고 자학하곤 합니다. 룻기가 만약 1장에서 끝났더라면 우리는 가장 우울한 성경

하나를 아는 것으로 그치게 되었을 것입니다.

스스로를 자학하는 것은 아무런 도움이 되지 않습니다. 오히려 우리는 우리의 가치를 되돌아보아야 합니다. "하나님 안에서 나는 어떤 존재인가? 부족한 나를 하나님은 왜 사랑하시는가? 내가 어떤 사람인데 이런 나를 위해 하나님은 독생자 예수님을 보내시고, 예수님은 왜 나를 위해 죽으셨나?"를 고민해야 합니다. 분명 우리는 하나님께 가장 가치 있는 자로 여김을 받고 하나님의 사랑과 관심을 듬뿍 받는 존재입니다. 따라서 우리는 하나님을 신뢰하고 우리를 통해 이루실 놀라운 미래를 바라보며 오히려 기뻐해야 합니다. 그러므로 저는 모두에게 이렇게 말합니다. "그래도 웃어보세요."

하나님의 섭리를 바라보라

룻기를 보면서 우리는 상상할 수 없이 치밀한 하나님의 섭리를 볼 수 있습니다. "어떻게 그런 생각을 할 수 있을까? 어떻게 거기를 갈 수 있을까? 어떻게 그런 만남이 이루어질 수 있을까?"라고 말입니다. 만약 나오미와 룻이 하나님을 신뢰하지 않고 모든 것을 포기하고 있었다면 그녀들에게는 아무런 변화도 없었을 것입니다. 하지만 하나님은 놀랍게 그들을 인도하셨습니다. 룻을 보아스의 밭으로 인도하셨고 보아스의 눈에 띄게 하셨습니다. 그리고 그를 만나게 하셨고 그의 눈에 은혜가 가득하게 하셨습니다. 보아스는 그녀에게 풍성한 곡식을 얻을 수 있도록 배려하고 보호해줌으로 룻에게 큰 도움이 되었습니다.

하나님의 인도는 여기에서 그치지 않았습니다. 그는 탁월한 사회적 신분과 재력을 가지고 있었을 뿐 아니라 놀랍게도 기업 무를 자격도 있었던 것입니다. 당시 이스라엘에는 친족으로서 땅을 되찾고 자손 없는 과부에게 결혼을 통해 대를 잇게 해주는 '고엘'이라는 제도가 있었습니다. 이 자격을 갖고 있었던 자가 바로 보아스였던 것입니다. 하나님은 너무 세밀하게 인도하셨습니다. 하나님은 보아스의 마음을 룻에게 집중하게 하셨고, 그녀를 위해 전적으로 헌신하게 하셨습니다. 이것은 룻의 미모 때문이나, 그녀가 가진 집안의 이름 때문이 아니었습니다. 하나님이 그의 마음에 큰 사랑을 허락하셨기 때문입니다. 그가 룻을 받아들인다면 룻은 그에게 큰 손해와 어려움을 줄 것이 분명합니다. 하지만 보아스는 그녀를 위해 모든 것을 감당할 마음의 준비를 하고 있었던 것입니다.

하나님의 인도하심과 하나님의 섭리는 신비합니다. 우리가 룻기를 보면서 은혜를 받는 이유는 우리는 작고 연약하나 하나님은 크시다는 사실입니다. 인생의 밑바닥에 내려갔던 나오미를 올리신 분은 하나님이십니다. 우리가 할 수 있는 것은 다만 하나님을 의지하며 하나님의 인도하심을 바라보는 것입니다. 하나님은 우리에게 언제나 가장 좋은 것을 주시며 가장 좋은 길로 인도하십니다. 그렇기 때문에 우리는 비록 현재의 삶에서 아무것도 보이지 않더라도 웃을 수 있습니다.

염려하지 마라

우리는 다음에 일어날 일을 미리 염려하고 절망해서는 안 됩니다. 하나님이 우리와 함께하십니다. 하나님은 우리에게 희망찬 미래를 선물하십니다. 하나님을 의지할 때 우리는 하나님이 우리에게 주실 미래를 소망하며 매일을 감사와 기쁨 가운데 살 수 있게 될 것입니다. 만약 나오미가 자신의 삶을 돌아보며 매일을 염려와 한탄으로 보냈다면 그녀는 절망에서 결코 벗어나지 못하고 결국은 그 가운데서 생을 마감했을 것입니다. 예수님은 우리에게 염려에 휩싸여 내일의 일까지 염려하는 어리석음을 범하지 말 것을 말씀하셨습니다.

> 그러므로 내일 일을 위하여 염려하지 말라 내일 일은 내일이 염려할 것이요 한 날의 괴로움은 그날로 족하니라 마 6:34

염려는 우리에게 결코 좋은 영향을 주지 않습니다. 그날의 괴로움은 그 날에 겪는 것으로 족합니다. 내일의 일까지도 염려한다면 우리의 삶은 염려에서 벗어나지 못할 것입니다. 염려는 우리의 키도 자라게 하지 못하며, 마실 것과 먹을 것도, 그리고 입을 것도 주지 못합니다(마 6:27). 하나님께 맡기십시오. 그것의 대표적인 예가 바로 나오미입니다. 최악의 상황에서도 소망을 주시는 하나님이 계시기에 우리는 오늘도 웃을 수 있습니다. 그러므로 포기하지 마십시오. 우리의 어깨를 무겁게 하고 우리 발을 얼어붙게 만드는 고난이 다가와도, 큰 짐이 우리를 누르더라도 과감하게 웃으십시오. 저는 여러분에게 이렇게 과감히 말합니다. "그래도 웃어보세요. 우리에게는 주님이 계십니다."

웃게 하시는 하나님

나오미 이야기의 절정은 마지막에 있습니다.

> 14 여인들이 나오미에게 이르되 찬송할지로다 여호와께서 오늘 네게 기업 무를 자가 없게 하지 아니하셨도다 이 아이의 이름이 이스라엘 중에 유명하게

되기를 원하노라 15 이는 네 생명의 회복자이며 네 노년의 봉양자라 곧 너를 사랑하며 일곱 아들보다 귀한 네 며느리가 낳은 자로다 하니라 룻 4:14-15

저는 이 본문을 볼 때마다 유쾌한 웃음소리를 듣는 것 같습니다. 나오미를 둘러싼 친구들이 믿을 수 없는 하나님의 축복에 다 같이 기쁨의 함성을 지릅니다. 바로 얼마 전만 해도 나오미는 모든 것을 잃고 죽을 것 같은 아픔과 수치심을 안고 고향으로 돌아왔습니다. 그녀에게는 어떠한 소망도 보이지 않았습니다. 그렇게 의지하던 남편을 허망하게 잃었고, 그녀의 마지막 소망이 되었던 두 아들을 동시에 잃었습니다. 절망 속에 하나님을 섬기며 어머니를 따르겠다는 며느리 룻만을 데리고 떨면서 고향으로 돌아왔던 그녀였습니다. 하지만 하나님은 그녀에게 놀라운 축복을 허락하셨습니다. 며느리 룻이 기업 무를 자 '고엘'을 만나고 그를 통해 드디어 기업을 무를 수 있는 손자를 얻었던 것입니다. 이제 그녀의 가문은 끊어지지 않고 이어질 수 있게 되었습니다.

그 놀라운 현장에 지금 수많은 친구들이 둘러서서 그녀가 안고 있던 기업 무를 손자를 보고 있었던 것입니다. 친구들은 이 놀라운 현장에서 하나님을 찬양하며 함께 기쁨의 눈물과 웃음을 터트렸습니다. 이 기쁨을 어떻게 표현할 수 있을까요? 모두가 부인할 수 없는 사실은 하나님이 승리를 주셨으며 하나님이 웃게 하셨다는 사실입니다. 나오미의 절망은 하나님의 은혜로 다시 웃음으로 변화되었습니다. 두 아들의 죽음 이후 이 땅에서의 모든 소망을 내려놓았던 나오미는 스스로 이 세상에서 가장 슬픈 자, 괴로운 자라는 호칭으로 불리기를 원했습니다. 하지만 하나님은 그녀를 버리지 않으셨습니다. 그녀를 붙잡아 주시고 은혜의 길로 인도하셔서 놀라운 축복을 얻게 하셨습니다. 이와 같은 사건은 어느 누구도 예상할 수 없었던 결론입니다. 그러나 하나님은 이루셨고, 끝내 그녀의 두 팔에 손주를 안게 하셨습니다. 이 손주는 예수님의 계보를 잇는 귀한 아들이 되었습니다. 하나님은 진정 나오미를 웃게 하셨던 것입니다. 그렇기 때문에 우리는 담대하게 말할 수 있습니다.

"웃는 자가 이긴다."

그렇습니다. 우리 안에 주님이 계시기 때문에, 우리가 가는 길이 주님이 인정하시는 길이기에, 우리의 길이 주님의 뜻 안에 있기에 우리는 담대히 말할 수 있습니다.

그러므로 인내하라

우리가 인내할 수 있는 이유는 인내가 연단을 이 연단이 끝내 소망을 이루기 때문입니다(롬 5:4). 우리는 인내를 통해 하나님의 약속을 받을 수 있습니다.

> 너희에게 인내가 필요함은 너희가 하나님의 뜻을 행한 후에 약속하신 것을 받기 위함이라 히 10:36

나오미가 받은 응답을 잠시의 고난 후에 주어진 즉각적인 응답으로 생각해서는 안 됩니다. 그녀는 오랜 시간 고난을 견뎌야 했습니다. 그 인내의 시간은 우리의 시간으로 계산할 수 없습니다. 남편을 잃고 오랜 시간을 울고 또 울었습니다. 이후에 다시 소망으로 바라보았던 두 아들을 잃었을 때는 모든 것이 사라지는 절망의 끝을 보았습니다. 그녀는 산술적인 시간으로 계산할 수 없는 긴 고난의 시간을 견뎌야 했습니다. 고향에 돌아오는 것도 정말 큰 결단이 아니면 할 수 없는 일이었습니다. 그를 알아보는 많은 고향 사람들이 비웃으며 그녀를 향해 배신한 자니 알거지로 돌아온 것은 하나님의 벌이라고 떠들어대는 것을 상상할 수 있었습니다. 정말 하나님께 간절히 기도하면서 인내 가운데 한걸음 한걸음을 내디뎠을 것입니다. 그녀는 정말 오랫동안 인내의 시간을 견뎌야 했습니다.

베들레헴의 생활도 쉽지는 않았습니다. 예상과 달리 사람들은 그녀를 환영해주었지만 당장 어떻게 먹을 것을 구해야 할지, 무엇을 입어야 할지 알 수 없었을 것입니다. 하지만 그녀는 인내하며 하나님을 바라보았습니다. 하나님이 나오미를 인도하여 베들레헴으로 들어오게 하였을 때가 보리 추수 때였습니다. 이는 나오미의 며느리 룻이 보리 추수 후 떨어진 이삭을 줍는 은혜를 입게 하였고, 이를 통해 기업 무를 자가 되는 보아스의 밭에 들어가 그를 만나게 되었습니다. 하나님은 보아스의 마음에 룻이 들게 하셨고 그들이 연결되어 드디어 그와 혼인함으로써 멈춰있던 세대가 다시 이어지는 은혜를 얻게 하였던 것입니다. 나오미는 이를 통해 드디어 손주를 안는 은총을 얻었습니다. 이 모두가 오랫동안 믿음으로 인내한 나오미에게 주신 축복입니다.

그러므로 우리는 인내해야 합니다. 인내 가운데 하나님이 주실 놀라운 은총과 축복을 소망해야 합니다. 우리는 반드시 하나님 안에서 나오미와 같은 기쁨의 환한 웃음을 얻게 될 것입니다. 따라서 우리는 하나님을 바라보는 담대함과 평안함 가운데 인내해야 합니다. 하나님이 인도하시니 분명히 "웃는 자가 승리합니다."

그래도 웃어보세요

Be joyful always; pray continually; give thanks in all circumstances.

예전에 텔레비전 프로그램에 이런 것이 있었습니다. '웃으면 복이 와요.'

그리고 흔히들 이런 말을 합니다. "행복해서 웃는게 아니라 웃으면 행복해진다고."

짧게나마 제 인생에서 가장 큰 축복(고난)과 가장 큰 웃음(눈물)이 공존했던 그 시절을 이야기하려 합니다.

하나님은 저 모르게 아이를 달라는 남편의 3년 기도에 감동하시고 제 의지와는 상관없이 셋째 아이를 주셨습니다. 저는 임신소식에 가장 몹쓸 마음을 끄집어내어 하나님을 원망했습니다. 이젠 좀 편하고 싶었기 때문입니다.

뱃속의 아이는 '소원'이란 태명으로 2012년 2월에 태어났습니다. 그때 원망으로 가득했던 저의 기도로 주님께서 몹시 아파하셨을 것이라는 것을 이제야 깨닫습니다. 그것이 축복의 시작이었던 것인데 말이죠.

아이가 태어나기 전인 2011년, 가을에서 겨울로 넘어가는 어느 날

만삭의 배로 집안 청소 중에 초인종이 울리고 누구냐는 질문과 함께 문을 여는데 어떤 노부부가 들어왔습니다.

그때의 그 노부부는 제 배를 보고 이런 눈빛을 보낸 것으로 기억합니다. "아이고, 이 와중에 만삭이네?", "너도 참 안됐다", "네 팔자도 참 가관이다!"라는 조롱의 눈빛 말입니다.

남편 회사의 부도로 돈을 줄 때까지는 이 집에서 안 나간다고 협박하는 소리들이 제 귓가에서 윙윙거립니다. 본능적으로 배를 감싸며 "듣지 마! 아가야! 저런 눈빛 보지 마."

남편의 전화는 꺼져 있고 갑자기 이게 다 무슨 소리인지! 바로 조금 전까지도 저는 콧노래 부르며 학원에서 집에 올 두 아이들에게 '어떤 간식을 해줄까? 마트를 다녀올까?' 생각하던 참이었는데 말이죠. 그 후로도 여러 날 수시로 건장한 남자들은 제 집 드나들 듯 들어와서 빨간 딱지를 여기저기 붙이고 사라집니다. 왜 내가 이런 몹쓸 일을 당해야 하는 거지?

'하나님 이게 뭐예요? 곧 아기가 태어나는데 부도라니 말이 돼요? 이거 꿈인가요?'

그 노부부의 등장으로 우리의 모든 생활은 엉망진창이 되었습니다. 나의 가장 든든한 큰 나무 큰 산 같은 남편이 괴물로 변해가는 모습이 보입니다. 하나님이 누구냐는 눈빛으로 예배를 드리며 여기 있으면 안 돼! 하는 모습으로 교회를 급히 나가고 싶어 하는 남편이 무서

워집니다.

그 이듬해 아이는 태어났고 법원을 오가며 죄인 신세가 된 우리들의 상황은 조금도 변한 것이 없었습니다. 더 이상 눈물도 흐르지 않았습니다. 이미 제 얼굴에선 빛도 삶도 사라졌습니다.

사시나무 떨리듯 떨리는 나의 몸을 지탱할 수 없어서 그 조그마한 신생아를 업고는 오히려 나를 기대고 그 아이의 심박수를 등으로 느끼며 나의 호흡을 가다듬었습니다. 그러다가도 '너만 없었다면, 너에게 젖을 물리지 않아도 된다면, 나는 벌써 어디론가 도망가 버렸을지도 몰라…' 이런 생각을 했습니다. 제 자신이 징그러웠습니다.

가끔은 얼굴에 마비가 왔고 가끔은 귀가 먹먹해지며 급작스럽게 심장이 뛰기 시작하는데 이렇게 빨리 뛰다간 곧 터져버릴 것만 같았습니다. 반복되는 심장의 두근거림이 무서웠습니다. 죽음이 보였습니다. 곧 집을 내주고 길거리로 나가야 하는 상황이었습니다. 사업하는 사람들은 흔히 재산도 숨겨둔다던데…

멍청하게 그런 것도 없는 사면초가였습니다. 어느 날 오전에, 두려워 습관처럼 찬양을 듣던 중 이런 가사가 귀에 정확히 크게 주님의 음성으로 들려옵니다.

"내 영혼 거룩한 은혜를 향하여 내 마음 완전한 하나님을 향하여 이곳에서 바로 이 시간 하나님을 예배합니다." 저는 오열하며 그 자리에서 무릎을 꿇고 기도했습니다.

기도조차 안 되는 상황에 예배를 온전히 드리라는 주님의 음성.

"아버지, 살려주세요. 제발 살려주세요." 울부짖으며 가슴을 치고 진정한 제 맘을 몇 시간쯤 토해내었던 것 같습니다. 눈물로 눈을 뜰 수 없었는데 무언가 보입니다.

남편은 젊은 나이에 사업을 잘 꾸렸고 우린 서로 그 넉넉한 물질에 주인이 되어 세상에 스스로 우상이 되어 죄책감도 교만도 전혀 못 느꼈습니다. 그나마 주일은 지켰던 부끄러운 가짜 예배자의 모습이, 바로 우리들의 모습이 보입니다.

주님은 이미 죽었던 우리를 새 삶으로 살리시고자 오래전 계획하신 일이었습니다.

아이를 주심으로 그 아이를 통해 숨 쉬고 버티게 하셨고 우상으로 여긴 물질을 쓸어 가심으로 주님의 것을 명확하게 구분하게 하셨으며 오직 한 분 주님을 바라보라고 아파하시며 매를 드셨습니다. 자식 때리고 발 쭉 펴고 자는 부모는 없습니다. 잘못되었던 시간은 돌이킬 수가 없습니다. 하지만 예배를 회복하고 이미 죽은 자로 주님 앞에 섰을 때 주님은 살려 주셨습니다. 그렇기에 날카로운 송곳으로 살을 찌르는 듯한 고통으로 지내왔으나 죄를 고백한 순간 모든 상황에 평안을 주셨습니다. 그제야 웃을 수 있었습니다. 쫓겨났어도 행복했습니다. 살려 주실 것을 믿었기에 아니 확신했기에 아니 살려 주셨기에 웃을 수 있었습니다.

그때부터 우리 가정에 폭포수처럼 부어주시는 주님의 은혜는 감히 말로도 다 표현할 수 없도록 충만했습니다. 수입이 없어 못 드렸던 십일조와 헌금을 할 수 있어 기뻤습니다. 눈물로 예배의 감격을 느낄 수 있어 미치도록 좋았습니다. 참 좋은 교회에서 세상에서 가장 훌륭하신 목사님을 나의 목자로 섬길 수 있음이 축복입니다.

"그래도 웃어보세요." 우리 목사님의 인생철학은 가히 명언입니다. 주님은 당신이 웃기를 바라시며 당신의 웃음으로 기뻐하신답니다.

정경미 집사

7장

하늘의 상급을 바라보라

Be joyful always; pray continually; give thanks in all circumstances,

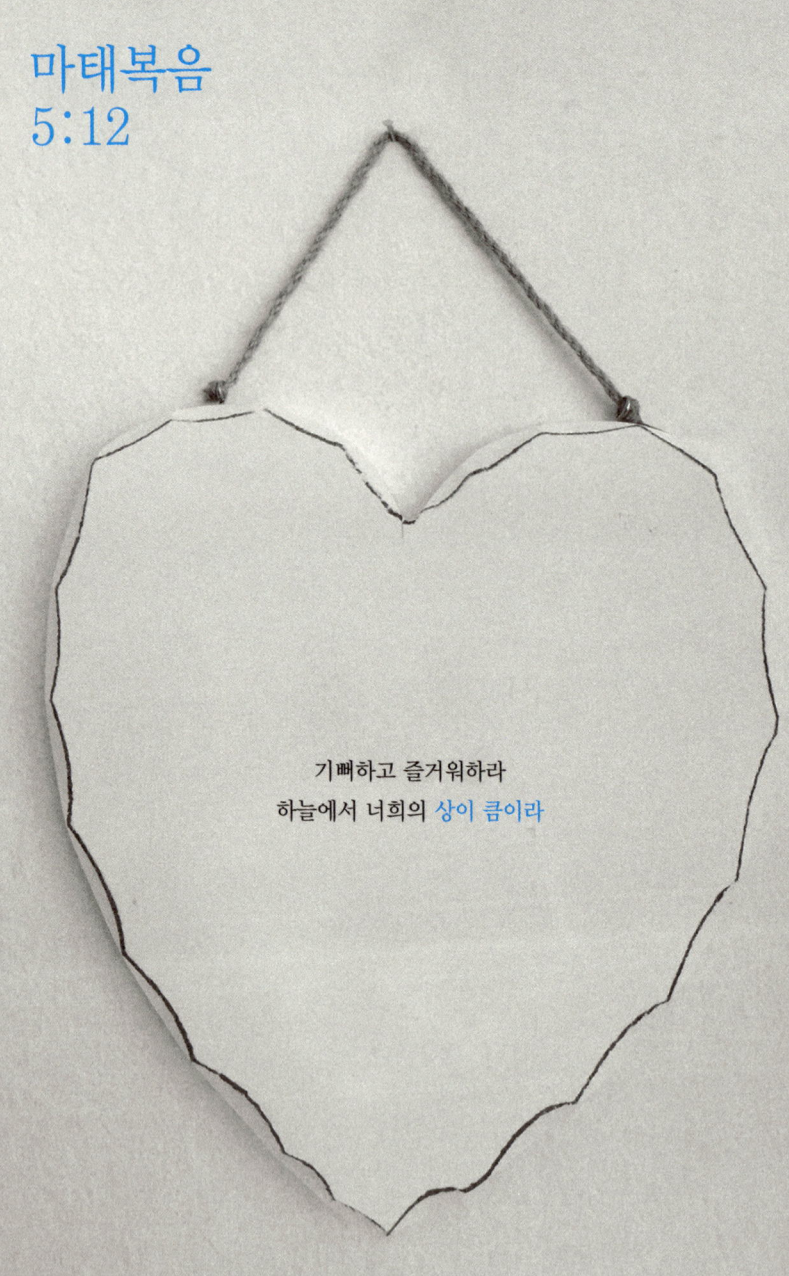

마태복음
5:12

기뻐하고 즐거워하라
하늘에서 너희의 상이 큼이라

07

 우리는 이 땅만을 바라본다면 기쁨으로 가득 찬 웃음의 삶을 살 수 없을 것입니다. 우리의 매일의 삶은 기쁨과 거리가 멉니다. 이 땅은 우리에게 걱정과 근심과 고난만을 줍니다. 우리의 현실은 장밋빛과는 거리가 멉니다. 소망이 보이지 않고 절망만이 우리 눈에 보일뿐입니다. 하지만 눈을 들어 주님이 계신 곳, 곧 우리가 돌아갈 본향을 바라본다면 우리의 생각은 180도 바뀌게 될 것입니다. 그것은 하나님과 함께하는 삶이 이 세상에서 누리는 기쁨과는 비교할 수 없기 때문입니다.

 그렇기 때문에 성경은 우리에게 이 땅이 아닌 하나님과 함께할 하나님 나라를 소망하는 삶을 살 것을 요청합니다. 따라서 주님이 우리에게 주신 말씀은 이 땅에서 어떻게 행복한 삶을 살 것인가에 맞춰져 있지 않습니다. 만일 이 땅의 관점에서 복음을 본다면 복음은 오히려 우리를 고난으로 끌고 가려는 이상한 것으로 보일 것입니다. 예수님이 이 땅에 오셔서 복음을 전하셨을 때도 동일합니다. 제사장들과 서기관들은 도저히 그 말씀을 이해할 수 없었습니다. 그들은 오히려 예수님을 배척하고 심지어는 모함하고 공격하여 죽음으로 몰았습니다. 예수님이 전하신 말씀은 팔복에 집중되어 있습니다. 하지만 우리가 팔복을 이 땅의 관점에서 본다면 앞뒤가 전혀 맞지 않는 이상한 말씀이 됩니다.

'심령이 가난한 자, 애통하는 자, 온유한 자, 의에 주리고 목마른 자, 긍휼히 여기는 자, 마음이 청결한 자, 화평하게 하는 자, 의를 위하여 박해를 받는 자'는 세상의 눈으로 볼 때 결코 행복할 수 없는 사람들입니다. 이들은 땅에서 고통을 받는 대표적인 예라고 할 수 있습니다. 이들에게서 어떻게 행복과 기쁨을 찾을 수 있을까요? 이들 팔복에 해당하는 자들은 모두 고난과 연결됩니다. 하지만 이들을 하늘의 눈으로 바라본다면 세상의 눈과 달리 오히려 웃음이 가득한 행복한 사람이라고 할 수 있습니다.

저는 여기서 웃음과 관련하여 네 가지, 즉 '심령이 가난한 자, 애통하는 자, 온유한 자, 의에 주리고 목마른 자'만을 살펴보고자 합니다. 제가 이들에 집중하고자 하는 이유는 이들이 세상 사람들의 눈에는 가장 비참한 사람들이기 때문입니다. 이들을 하나씩 살펴보는 가운데 예수님이 왜 이들에게 복이 있다고 선언했는지, 왜 이들에게서 진정한 행복의 웃음을 찾을 수 있는지 이해할 수 있게 될 것입니다.

심령이 가난할 때의 행복

예수님은 '심령이 가난한 자'를 복이 있다고 선언하셨습니다.

> 심령이 가난한 자는 복이 있나니 천국이 그들의 것임이요 마 5:3

심령이 가난한 자는 자기 스스로 아픔을 선택한 자를 가리킵니다. 이들은 세상의 부요함과 기쁨보다 하나님과 함께하는 고난을 택한 것입니다. 이들은 자신이 죄인임을 깨닫고 하나님의 은혜를 구하며 하나님으로 자신의 가난한 마음이 채워지기를 간절히 소망합니다.

이와 같은 자는 하늘을 소망으로 삼으며 이 땅에서의 소유와 높음은 아무것도 아니라는 것을 깨닫고 죄를 회개하는 가운데 하나님을 바라봅니다. 예수님은 이들이 천국을 소유한 사람이라고 말씀하시며 복을 선언하셨습니다.

예수님의 선포는 우리에게 새로운 복의 기준을 제시합니다. 그것은 건강과 재물과 지위만이 복이 아니라 하나님이라는 사실입니다. 하나님의 은혜가 우리 안에 채워질 때, 하늘의 소망이 우리 안에 넘칠 때 우리는 천국을 소유하며 복된 자라는 칭호를 얻을 수 있습니다. 예수님이 말씀하신 천국의 축복은 하나님이 다스리시는 삶과 함께 예수 그리스도가 함께하는 삶입니다. 하나님이 우리의 삶을 다스릴 때 우리에게 부족함이 없습니다. 모든 고통으로 인한 슬픔이 위로를 받습니다. 하나님의 다스리심은 우리의 소망입니다. 또한 예수 그리스도가 함께할 때 우리에게는 언제나 기쁨만이 있습니다. 예수님이 우리의 모든 짐을 지시고 위로와 힘을 주시기 때문입니다.

우리의 가난은 하나님의 은혜로 가득 차게 하는 은총이 됩니다. 그렇기 때문에 우리는 언제나 기쁨을 말할 수 있습니다. 예수님이 말씀하신 가난은 우리 마음에 초점을 맞춥니다. 세상의 부요가 아닌 주님을 따르는 심적인 가난을 택할 때 우리는 진정한 하늘의 기쁨을 맛볼 수 있게 됩니다. 이 기쁨은 세상이 주는 것과 다릅니다. 세상의 기쁨은 일시적이요, 파괴적입니다. 하지만 주님이 주시는 기쁨은 영원하며 생명력이 넘칩니다. 하늘의 기쁨은 오직 맛본 자만이 알 수 있는 풍성함의 은혜입니다.

세상 사람들은 우리가 세상의 기쁨을 버리고 주님을 따르는 고난을 택한 것을 보고 이해하지 못할 것입니다. 그리고 우리를 향해 어리석다고 손가락질 할 것입니다. 하지만 그들이 알지 못하는 것이 있습니다. 주님이 주시는 기쁨은 세상의 기쁨과 비교할 수 없는 참 기쁨이라는 사실입니다. 우리는 예수님을 따라 가난한 심령을 선택할 때 주님이 주시는 놀라운 은혜의 기쁨을 맛보게 될 것입니다.

애통할 때의 행복

예수님은 '애통하는 자'를 복이 있다고 선언하셨습니다.

> 애통하는 자는 복이 있나니 그들이 위로를 받을 것임이요 마 5:4

'애통하는 자'는 애통을 그 중심에 가지고 있는 자를 가리킵니다. 이들의 관심은 '애통'입니다. '세상의 즐거움'과 반대됩니다. 세상 사람들은 죄가 달콤하다고 말합니다. 그리고 세상은 즐거움이 모든 곳에 있다고 말합니다. 그들은 일탈과 범죄를 서슴지 않습니다. 하지만 그들에게는 만족함이 없습니다. 늘 허기짐만이 있습니다. 그들에게 배부름이란 없습니다. 죄를 짓고 또 짓지만 늘 공허합니다. 그들이 찾는 즐거움은 허무가 됩니다.

반대로 '애통하는 자'는 자신의 죄를 발견하는 자입니다. 이들은 자신의 죄를 괴로워하며 주의 능력으로 구원받기를 원합니다. 이들은 세상을 결코 동경의 눈으로 바라보지 않습니다. 세상이 주는 즐거움도, 달콤함도 헛된 것으로 여기며 오직 주의 구원을 소망합니다. 주님이 보시기에 이들은 이미 구원이 준비된 자라고 할 수 있습니다. 따라서 주님은 함께하시겠다고 선언하시며 그들을 위로하십니다.

결국 세상의 즐거움을 거절하고 주님을 바라보는 '애통'을 선택한 자는 주님이 주시는 구원의 은혜를 얻으며, 주님이 함께하심과 주님의 위로를 얻을 수 있게 됩니다. 주님이 함께하는 자, 주님이 위로하는 자는 진정한 웃음의 사람이 될 수 있습니다. 그는 어떤 환경 속에서도 주님이 주시는 위로 안에서 웃을 수 있습니다. 주님이 함께하시기에 그는 거친 지역에서도, 견디기 힘든 고난 가운데서도, 또한 괴롭힘이 있는 곳에서도 기쁨으로 웃을 수 있는 것입니다.

주님이 주시는 기쁨은 죄가 주는 쾌락과 비교할 수 없습니다. 주님은 우리와 함께하시며 위로하심으로 우리가 진정한 기쁨과 즐거움을 얻게 하십니다. 이는 세상 사람들과 비교할 수 없는 커다란 웃음을 웃게 할 것입니다.

온유할 때의 행복

예수님은 '온유한 자'의 복을 선언하셨습니다.

> 온유한 자는 복이 있나니 그들이 땅을 기업으로 받을 것임이요 마 5:5

'온유한 자'는 사람들이 자기 마음대로 이용할 수 있는 심약한 자를 가리키지 않습니다. '온유한 자'는 고통 속에서도 하나님을 신뢰하며 자기 짐을 지는 자를 의미합니다. 그는 하나님을 신뢰하기에 억울한 일을 당해도 온유함을 잃지 않는 것입니다. 성경에서 이와 같은 인물을 찾는다면 저는 주저 없이 '이삭'이라고 말할 것입니다. 그것은 이삭이 그랄에서 보여준 그의 모습 때문입니다(창 26:1-33).

우리가 이삭을 인상적으로 볼 수 있는 것은 그가 엄청난 거부가 되었기 때문이 아닙니다. 물론 그는 그랄 땅에서 모든 사람들이 놀랄 만한 성과를 얻었습니다. 그해 농사가 100배의 수확을 얻었던 것입니다. 오직 이삭만이 거둔 결과였습니다. 놀랄 만한 하나님의 축복이 아닐 수 없습니다. 이때까지 아무도 이만한 성공을 거두지 못했습니다.

하지만 이와 같은 성공 때문에 우리가 그에게 집중하는 것은 아닙니다. 그를 탁월하게 빛나게 했던 사건은 오히려 그의 실패에서 찾을 수 있습니다. 이삭의 실패는 어처구니없게도 블레셋 사람들의 질투로 시작되었습니다. 그들은 이삭이 가장 소중히 여기던 아버지가 판 우물을 막고 흙으로 메운 만행을 벌였던 것입니다. 이 지역에서 물은 매우 소중한 것이었습니다. 물은 황량한 지역에서 생존을 가능하게 하며 짐승을 기르는 필수 조건이 됩니다. 하지만 그들이 거하였던 땅은 매우 척박한 지역이라 물을 구할 수 없었습니다. 우물을 파야 했는데 아무 곳이나 판다고 물이 나오는 것이 아닙니다. 그래서 조상 대대로 내려온 우물을 소중하게 관리하였던 것입니다.

이것을 생각하면 아버지가 판 우물이 손상되었는데 가만히 있는 것은 말이 되지 않습니다. 분명히 그들은 이삭을 우습게 여기고 계속 만행을 저지를 게 분명합니다. 그들의 세력이 아무리 거셌다고 하나 여기서 물러나면 그 지역을 떠나는 수밖에 없습니다. 하지만 이상하게도 이삭은 항의하거나 그들에게 맞대응하지 않았습니다. 오히려 물러나 다시 우물을 팠던 것입니다. 그런데 놀라운 일이 벌어집니다. 지금까지 수십 년 동안 우물을 파도 발견할 수 없었던 곳이었는데 이삭이 우물을 파자 바로 물이 나왔던 것입니다. 여기까지만 해도 모두가 깜짝 놀랄 기적이라 할 것입니다. 그런데 이번에는 그랄 목자들이 와서 자기들 것이라 우깁니다. 말도 안 되는 일이었습니다. 그러자 이삭은 우물 이름을 '에섹'(다툼)이라 하였습니다.

이삭은 또 다른 우물을 팠습니다. 그런데 또 다툽니다. 그래서 이름을 '싯나'(대적)라고 합니다. 거기서 이삭은 다른 우물을 팠습니다. 이제는 다투지 않았습니다. 그래서 이름을 '르호봇'(장소가 넓다)이라 하였습니다.

이제 이삭은 두려운 존재가 되었습니다. 그것은 그가 가는 곳마다 안 되는 일이 없기 때문입니다. 농사를 지으면 100배의 소득이 생기지 않나, 땅만 파면 우물이 생기지 않나 그의 가는 길은 그 자체라 할 수 있습니다. 블레셋 왕이었던 아비멜렉은 이삭에게서 하나님의 두려움을 보았습니다. 이삭은 결코 혼자라 볼 수 없었습니다. 하나님이 그와 함께하심이 삶에서 증명되었던 것입니다. 하나님이 보호하시는 형통한 자를 건드린다는 것은 있을 수 없는 일입니다. 그를 잘못 건드리다가는 하나님께 멸망 받을 것이 분명합니다. 아비멜렉은 오히려 먼저 불가침 조약을 제안합니다. 서로 해하지 말자는 것입니다. 일반적으로 볼 때 블레셋 왕이 더 강한 것이 사실입니다. 하지만 하나님이 함께하시는 이삭이 그의 눈에는 정말 위대해 보였던 것입니다.

  우리의 삶도 이와 같습니다. 우리가 온유할 수 있는 이유는 하나님께 있습니다. 하나님이 우리의 능력과 힘이 되시는데 어느 누가 감히 대적할 수 있겠습니까? 우리가 온유하게 모든 것을 져준다 하더라도 그것이 오히려 상대에게는 두려움이 되어 우리가 높아지는 계기가 될 것입니다. 따라서 주님을 신뢰하는 우리는 언제나 미소와 웃음으로 다른 사람들을 상대할 수 있습니다. 우리의 온유함이 결코 우리의 연약함을 말하지 않습니다. 비록 우리의 미소와 웃음은 사람들에게 연약한 자로 여겨질지 모르지만 주님은 오히려 우리를 모두가 우러러보는 강자로 세우실 것입니다.

의에 주리고 목마를 때의 행복

예수님은 '의에 주리고 목마른 자'가 복을 받는다고 선언하셨습니다.

> 의에 주리고 목마른 자는 복이 있나니 그들이 배부를 것임이요 마 5:6

'의에 주리고 목마른 자'는 죄에 굴복하고 세상에 만족하여 사는 세상 사람들과 정반대의 삶을 사는 사람들을 가리킵니다. 이들은 오히려 죄와 싸우며 주님의 나라를 구합니다. 주님의 의를 위해 끊임없이 죄와 싸우고 회개하며 하나님 앞에 의인으로 살려고 노력합니다. 이들의 마음에는 언제나 하나님의 나라가 가장 우선이 됩니다.

> 그런즉 너희는 먼저 그의 나라와 그의 의를 구하라 그리하면 이 모든 것을 너희에게 더하시리라 마 6:33

주님의 나라와 의를 구하는 이들은 세상에 마음을 두지 않습니다. 하나님이 모든 필요를 채워주실 것을 알기 때문입니다. 하나님은 들에 피는 꽃도, 하늘을 나는 새도 돌보십니다. 그들에게 아름다운 옷을 입히시고 필요한 먹을 것을 주십니다. 우리가 하나님 나라와 의를 구할 때 하나님은 우리에게 풍성함으로 채워주실 것입니다.

세상 사람들은 먹을 것과 입을 것을 위해 초조해하고 두려워합니다. 내일을 위해 저축하고 마음의 안정을 찾으려 합니다. 그들의 만족은 끝이 없습니다. 채우고 채워도 그들의 배는 결코 만족하지 않습니다. 언제나 더 높은 곳을 바라보며 불평합니다. 하지만 하나님을 소망하며 주님의 나라와 의를 구하는 의에 주리고 목마른 자들은 하나님이 주시는 매일의 양식에 감사합니다. 내일을 염려하지 않고 오늘 주어진 일에 최선을 다하며 감사와 기쁨으로 살아갑니다. 그러므로 이들의 삶은 기쁨이 넘치는 행복한 삶이라 할 수 있습니다.

우리는 어떤 삶을 선택해야 할까요? 비록 세상 사람들의 눈에는 비천해 보이지만 하늘의 상급을 바라보며 심령의 가난함을, 애통함을, 온유함을 그리고 의에 주리고 목마름을 택할 때 하나님이 주시는 놀라운 평안의 기쁨을 누리게 될 것입니다. 이 기쁨은 세상이 주는 쾌락과 비교할 수 없는 행복인 것입니다. 우리는 이와 같은 기쁨을 택함으로 세상에서 찾을 수 없는 풍성하고 놀라운 웃음의 삶을 사는 자들이 되기를 소망합니다.

하늘의 웃음으로

하늘의 상급을 받은 사람만이 하늘의 웃음을 지을 수 있습니다. 하지만 이들은 세상에서는 불쌍한 사람들로 보입니다. 사람들이 재물과 신분과 능력에 의지하여 자신의 행복을 자랑하고 세상의 죄악 가운데 커다란 쾌락을 누리고 있을 때, 그들과 달리 이들은 하나님이 계신 곳, 언젠가 돌아갈 본향만을 바라보며 웃을 수 있습니다. 이들은 잠시 누리는 이 땅에서의 즐거움보다는 고난 받기를 자처합니다. 자신이 죄인임을 고백하며 하나님의 은혜로 채워지기를 원하는 가난한 마음을 구합니다. 그리고 애통을 선택하여 주님의 구원의 은혜를 바라봅니다. 더욱이 이들은 세상에서 누릴 수 있는 자신의 권위를 모두 포기하며 온유한 자로서 주님을 의지합니다. 언제나 하나님 나라와 의를 구하기에 갈급합니다. 주님은 이와 같은 자들에게 차고 넘치는 은혜와 복을 선포하셨습니다. 주님의 은혜는 우리를 가장 크게 웃게 할 것입니다. 그리고 우리가 걸어가는 모든 걸음에서 웃음이 묻어나게 할 것입니다.

새로운 인생!

Be joyful always; pray continually; give thanks in all circumstances.

　무서우리만큼 무더웠던 여름 끝자락, 창틀에 방울방울 맺혀있는 빗방울을 바라보며 지나온 9개월을 되돌아봅니다.

　큰 아이가 아장거릴 때쯤 가톨릭에 입문하여 어언 35년, 그동안 여러 가지 활동을 하면서 나름대로 신앙생활을 열심히 한다고 자부하면서 살아왔는데 무슨 연유인지 개종 1년 전부터 제겐 조금씩 하나님에 대한 또 다른 갈망이 스멀스멀 피어오르기 시작하였습니다.

　고백성사를 외면하고 세상의 재미 속에서 살고 있는 제 모습을 하나님이 안타까운 눈으로 보셨을까요? 개종을 결심하고 여러 교회 목사님들의 설교를 찾아 듣다가 우리 교회 어느 권사님의 소개로 담임목사님의 설교를 접하게 되었습니다. 밀려오는 하염없는 눈물과 회개와 감동, 그리고 하나님은 제 발걸음을 주저 없이 의왕에서부터 동탄시온교회까지 인도하셨습니다.

　어느 수요일 밤, 조심스럽게 쭈뼛거리며 들어선 교회, 그런 나를 너무나 인자하고 푸근하게 환한 웃음으로 반갑게 맞아 주시던 목사님과 전도사님들, 그리고 성도님들.

저는 순간 매우 편안함을 느끼며 "교회 분위기가 다 이런 것인가?" 라는 호기심이 발동하였습니다.

그리고 다음 주 교회를 등록한 후 지금까지의 환경과 전혀 다른 형식의 예배에 대한 두려움과 어색함에 조심스럽기만 하던 발걸음을 가볍게 해 주는 것은 많은 분들의 따뜻한 미소였습니다. 그때 그 환한 웃음과 편안함이 없었다면 저는 아마 발길을 돌렸을지도 모릅니다. 그렇게 저는 하나님과의 새로운 만남이 시작되었습니다.

의왕에서 수많은 십자가를 뒤로하고 새벽기도까지 마다하지 않고 달려왔습니다. 교회에 들어올 때마다 늘 따뜻한 웃음으로 맞이해 주시던 우리 목사님의 모습은 지금도 저에게 편안함으로 다가옵니다. 저는 교회 근처로 이사 오고 싶어서 기도했습니다.

하나님은 저 같은 초신자의 기도까지도 들어주셔서 석 달 전에 동탄으로 이사 오게 되었습니다. 이삿날 작은 시비로 남편과 이삿짐 직원과의 언성이 높아질 때쯤 저는 '웃음'이라는 치료제로 문제를 해결하고 오히려 상대방의 정중한 사과를 받을 수 있었습니다.

또 아파트의 이런저런 하자 문제로 잔뜩 화가 났을 때 A/S 접수창구에서 유난히도 환하게 웃으며 응대해주는 직원분의 태도에 저의 작음이 느껴져 오히려 부끄러웠습니다.

"그래 소소한 문제의 해결점은 일그러진 감정이 아니라 햇살 같은 웃음이야!"

우리 교회의 자랑인 모든 성도들의 따뜻한 미소, 친절, 관심이 이젠 저를 온전한 동탄시온교회의 믿음의 식구가 되었음을 느끼게 합니다.

교회에 나온 지 1년도 안 되는 초신자이지만 우리 동탄시온교회 성도로서 늘 웃음을 간직하고 살기를 다짐해봅니다. 오늘도 새벽기도 때부터 우리 담임 목사님이 주시는 '웃음'이라는 영혼의 비타민제를 듬뿍 먹고 하루를 시작합니다. 그리고 이 모든 영광 하나님께 올립니다.

이숙희 성도

8장

웃는 자가 이긴다

Be joyful always; pray continually; give thanks in all circumstances.

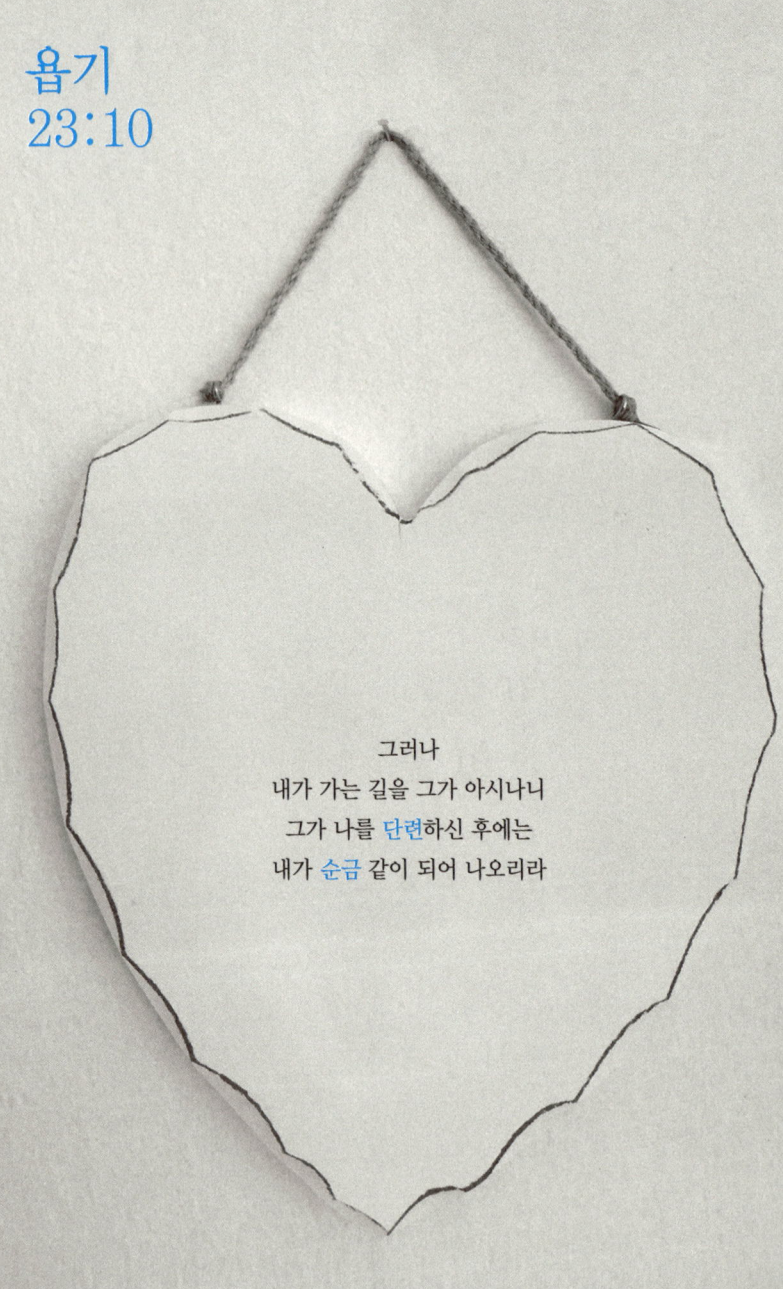

08

억울한 상황에서 마음이 평안할 사람은 없습니다. 그것도 누명 때문에 고통을 당하고 있는 것이라면 더욱 그러할 것입니다. 분명 얼굴에는 웃음이 아닌 분노와 뜨거운 증오로 가득할 것입니다. 우리는 이처럼 까닭 없이 고난을 당할 때 견디기 힘들어 합니다. 자신과 관계없는 일에 우연히 얽혀 그 책임이 나에게 전가된다면 우리는 힘을 다해 우리가 무죄임을 밝히려 애쓸 것입니다. 만일 그 일로 벌까지 받게 되고 나아가 가족들까지 엄청난 고통을 당하게 된다면, 우리 마음에 씻을 수 없는 상처로 남게 됩니다. 누구나 자신이 지은 죄로 벌을 받는다면 이를 당연한 것으로 받아들이고 자숙합니다. 하지만 그 고난이 나와 관계없는 일이라면, 특히 누명에 의한 것이라면 우리는 분노 가운데 억울함을 하소연하며 다니지 않을 수 없습니다. 우리 얼굴은 아픔과 고통과 슬픔으로 가득 차게 될 것입니다.

성경에서도 이처럼 억울한 고난으로 고통을 당한 인물이 있습니다. 성경은 그가 당한 고통과 그의 심적인 갈등도 자세하게 묘사하며, 우리로 그 인물과 동일시하게 만듭니다. 그는 누구일까요? 바로 욥입니다. 성경은 욥의 고난과 그를 향한 수많은 비난과 공격을 함께 서술함으로써 그가 겪어야 했던 힘든 심적 고통을 설명합니다. 우리가 욥을 통해 얻을 수 있는 교훈은 무엇일까요?

고난의 원인에 집중하지 마라

욥기 전체를 통해 욥이 던진 질문은 "왜 나에게 고난이 왔는가?"입니다. 욥기서 1장은 인간이 결코 알 수 없는 하늘의 비밀을 보여줍니다. 그것은 고난이 욥의 죄 때문에 발생한 것이 아니라는 사실입니다. 욥은 하나님께 큰 축복을 받은 부요한 사람이었습니다. 재산이면 재산, 자녀면 자녀 부족한 것이 없었습니다. 양과 낙타와 소와 암나귀! 그 숫자만 해도 상상을 뛰어넘는 거대한 숫자입니다. 이들을 관리하는 종들의 숫자도 상당합니다. 자녀들은 아들 일곱과 딸 셋으로 당시 모두가 부러워하는 이상적인 숫자였습니다. 이들은 각각 자기 집을 소유할 정도로 그 부요함이 상당했습니다(욥 1장). 욥 자신이 밝힌 그의 사생활 또한 정결 자체였습니다. 그는 죄를 보지 않았고, 거짓과 동행하지도 유혹에 빠지지도 않았습니다. 그는 불의나 범죄와도 관련이 없었으며 욕심에 눈이 멀지도, 물질에 소망을 두지도 않았습니다. 그는 의로운 사람이었습니다. 언제나 그는 선행하였으며 의롭게 행동하였습니다(욥 31장).

그렇게 때문에 욥이 자신이 겪는 고통을 이해하지 못하는 것은 당연한 일입니다. 그를 위로하기 위해 온 친구들은 처음에는 그의 한탄을 들어주다가 모두 공격자로 변하였습니다. 그것은 욥의 심각한 고난이 결코 욥의 죄와 무관하지 않다고 생각했기 때문입니다. 하늘의 일을 알지 못하는 친구들은 욥이 미처 깨닫지 못한 죄나 어떤 사건, 혹은 자녀들의 죄가 욥에게 영향을 끼쳐 고난이 온 것이라고 평가하였습니다. 그래서 그들은 욥이 무조건 죄를 고백할 것과 자신을 낮출 것을 요청하였습니다.

사실 이와 같은 조언은 우리가 우리의 삶 속에서 믿음의 친구들을 통해 흔히 접할 수 있는 것이기도 합니다. 친구들이 경건을 가장하여 무조건적인 회개와 고백을 강요하고 위로는커녕 정죄만을 일삼는 것입니다. 욥은 절망 가운데 부르짖었습니다.

하지만 성경을 읽는 독자들은 그 원인이 어디에 있는지 압니다. 바로 천상에서 벌어진 하나님과 사탄의 대결이었습니다. 하지만 우리는 하나님을 마냥 무기력한 분으로 치부할 수 없습니다. 하나님은 사탄에게 분명하게 한계를 정하실 수 있을 정도로 전능한 분이시기 때문입니다. 원인을 알 수 없는 욥은 한탄하고 한탄합니다. 그는 자신의 과거를 수도 없이 되돌아보며 자신의 잘못을 찾았을 것입니다. 하지만 그는 아무것도 찾을 수 없습니다.

우리 인간의 지성은 제한적입니다. 따라서 우리는 모든 고난의 원인을 알 수 없습니다. 다른 사람의 고난의 원인을 짐작으로 판단했다가는 씻을 수 없는 상처를 안겨줄 수도 있습니다. 우리는 다만 믿음으로 바라보아야 합니다. 알 수 없는 것과 자신의 영역을 넘는 것에 대해 경건을 가장하여 말해서는 안 됩니다. 우리는 다만 믿음으로 세워질 수 있도록 격려하며 하나님의 사랑을 따뜻한 미소로 전해야 할 것입니다.

사람이 아닌 하나님을 소망하라

욥기에서 우리가 얻을 수 있는 교훈은 욥은 결코 사람들에게서 소망을 찾지 않았다는 사실입니다. 욥은 친구들이 비록 지혜가 있다고 인정받은 자들이었음에도 진리에 일치하지 않는 그들의 조언에 귀를 기울이지 않았습니다. 만약에 그가 친구들의 조언에 따랐다면 그는 결코 이 문제에서 벗어나지도, 하나님께 가까이 나아가지도 못했을 것입니다. 욥은 과감히 하나님께 자신의 고난을 고백하며 하나님이 자신의 모든 것을 판결해 주실 것을 요청하였습니다.

누구든지 나의 변명을 들어다오 나의 서명이 여기

> 있으니 전능자가 내게 대답하시기를 바라노라 나를
> 고발하는 자가 있다면 그에게 고소장을 쓰게 하라
>
> 욥 31:35

하나님은 우리의 억울함을 풀어주시는 재판관이 되십니다. 다른 사람들의 평가에 흔들릴 필요가 없습니다. 사람들은 각기 자신이 알고 있는 상식 안에서 말하고 판단할 뿐입니다. 경건하다고 자부하였던 욥의 친구들은 자신의 무죄를 주장하는 욥을 점점 더 거칠게 대하였습니다. 나중에 가서는 그를 죄인으로 취급하고 하나님을 위한다는 명목으로 욥을 공격하는 어리석은 행동을 서슴지 않았습니다. 하지만 욥은 결코 흔들리지 않았습니다.

우리는 욥처럼 단단하지 못합니다. 친구들의 조그만 조언에도 마음이 흔들립니다. 바로 너 때문에 지금 고난이 온 것이라는 말만 들어도 우리는 큰 충격을 받아 아무것도 하지 못합니다. 우리는 하나님을 마음의 중심에 둔다고 하면서도 주변의 음성에 주의를 기울이고 집중합니다. 이와 같은 태도는 우리 자신에게 상처만 될 뿐 문제 해결에는 아무런 도움이 되지 않습니다.

우리가 마음을 하나님께 둔다면, 그리고 하나님을 흔들지 않는 기준으로 확고히 붙잡고 있다면 우리는 어떤 상황에서도 웃을 수 있습니다. 비록 나와 가까운 사람들이 우리를 향해 손가락질을 하더라도, 어떤 못된 소리로 우리 마음을 상하게 하려 할지라도 하나님이 우리의 방패막이 되어줄 것이 분명하기 때문입니다.

하나님이 판결하신다

사람들은 하나님이 하늘 끝에 계셔서 우리의 소리에 결코 귀 기울이지 않는다고 외칩니다. 아무리 소리치고 힘을 다해 기도해도 소용없다고 말입니다. 하지만 아닙니다. 하나님은 사랑하는 자녀의 목소리에 귀를 기울이십니다.

욥이 분명히 알고 있었던 것은 하나님은 우리의 작은 기도 소리에도 귀를 기울이신다는 사실입니다. 그래서 욥은 하나님께 호소했던 것입니다. 욥기서의 결론 부분은 우리에게 큰 감동을 줍니다. 하나님은 욥의 요청을 그냥 넘겨 버리지 않으셨습니다. 전능하신 하나님은 욥에게 직접 나타나셔서 그가 깨닫지 못하는 놀라운 진리로 질문하셨습니다.

> 2 무지한 말로 생각을 어둡게 하는 자가 누구냐 3 너는 대장부처럼 허리를 묶고 내가 네게 묻는 것을 대답할지니라 4 내가 땅의 기초를 놓을 때에 네가 어디

> 있었느냐 네가 깨달아 알았거든 말할지니라 ⁵누가 그것의 도량법을 정하였는지, 누가 그 줄을 그것의 위에 띄웠는지 네가 아느냐 ⁶그것의 주추는 무엇 위에 세웠으며 그 모퉁잇돌을 누가 놓았느냐 ⁷그 때에 새벽 별들이 기뻐 노래하며 하나님의 아들들이 다 기뻐 소리를 질렀느니라 욥 38:2-7

하나님의 질문은 모두를 숨죽이게 합니다. 하나님의 진리를 이해할 수 있는 사람이 없습니다. 우리는 아무도 하나님의 창조를, 그리고 온 우주의 운행을 이해할 수 없습니다. 우리는 하나님의 기쁨을 이해할 수 없습니다. 우리가 할 수 있는 것은 다만 하나님의 말씀에 순종하며, 하나님을 찬양하고 하나님의 인도하심을 구하는 것입니다. 하지만 확신할 수 있는 것은 하나님의 뜻을 구하는 자에게 하나님은 은혜와 축복을 약속하신다는 사실입니다.

욥은 우리에게 참 소망과 기쁨의 의미를 다시 돌아보게 합니다. 우리가 세상에서 웃을 수 있는 이유가 물질의 풍성함이나 성공에 있지 않다는 사실입니다. 만약에 그랬다면 사탄이 욥의 모든 것을 앗아가고 그의 몸을 쳤을 때 그는 절망 가운데 하나님을 배반했어야 맞습니다. 하지만 욥은 입술로 죄를 범하지 않았습니다. 오히려 겸손하게 모든 만물의 근원이 하나님께 있음을 고백하며 모든 만물이 하나님께 돌아간다는 사실을 명확하게 고백하였습니다. 우리가 어떠한 어려움 가운데서도 밝게 웃으며, 즐거움으로 복음을 전할 수 있는 이유도 여기에 있습니다. 우리가 하나님께 모든 것을 의탁하며 세상에 있는 것들로 소망을 삼지 않을 때 우리는 고백할 수 있습니다. "하나님이 모든 것을 판결하신다."

고난은 우리를 웃음으로 인도한다

고난은 우리에게 고통만 안겨주는 것은 아닙니다. 고난은 우리를 성장시켜 주는 도구가 됩니다. 욥에게 고난은 그에게 큰 고통을 안겨주었지만 오히려 그의 믿음을 한 단계 더 성숙시켜주는 유익한 도구가 되었습니다. 욥이 이와 같은 고통을 겪지 않았다면 그는 하나님에 대해 깊은 이해도, 자신에 관한 정확한 평가도 바르게 할 수 없었을 것입니다. 그는 고통 가운데 하나님을 만날 수 있었고 하나님의 음성을 들을 수 있었습니다. 하나님은 고통을 이긴 그에게 큰 축복을 주심으로 그가 겪은 고난이 그의 죄 때문에 발생한 것이 아님을 밝혀주셨습니다. 이처럼 하나님은 우리에게 고난을 통해 성숙의 길로 인도하시기도 합니다.

우리는 고난을 두려워할 것이 아니라 하나님이 세우시고 우리를 연단시키시는 은혜의 수단으로 알고 감사해야 합니다. 우리는 고난을 통과했을 때야 비로소 성숙한 하늘의 웃음을 웃을 수 있습니다. 이 웃음은 환경을 초월하는 환한 웃음이요, 마음을 밝게 하는 시원한 웃음입니다. 보는 사람들로 하여금 그 안에 미움도 근심도 사라지게 하는 웃음입니다.

고난을 통과한 자의 환한 웃음은 주님의 은혜를 바라보게 합니다. 그의 웃음에서 주님의 참된 기쁨을 생각하게 하고 언젠가 도달하게 될 성숙의 목표를 알게 합니다. 이와 같은 웃음은 보는 자들로 하여금 주님의 위로를 느끼며 주님을 소망하게 합니다.

광야를 통과한 이스라엘 백성들은 고난을 통과한 자들의 전형을 나타냅니다.

이스라엘이 처음 출애굽 했을 때의 모습은 종의 모습 그대로였습니다. 430년간 종살이 했던 습관에서 벗어나지 못했던 것입니다. 하나님을 향한 자발적인 순종은 없었습니다. 언제나 의심했고 불순종이 그들의 일상이었습니다. 그들의 입에는 언제나 불평과 한탄만이 있었습니다. 그들의 소망은 다시 애굽으로 돌아가 종살이 하는 것이었습니다. 그들은 하나님께 끊임없이 불만을 토해내며 다시 애굽으로 돌아가자고 했습니다. 이와 같은 그들의 모습은 가나안 땅을 앞두고 극에 달하였습니다. 그들은 정탐꾼들의 보고에 현혹되어 하나님을 배반하였고 이에 광야에서 40년간 방황하는 형벌을 당하였습니다.

하나님이 그들에게 주신 고난은 결코 그들을 괴롭히기 위함이 아니었습니다. 오히려 하나님은 그들을 하늘의 만나로 먹이시고 불과 구름 기둥으로 보호하시며 인도하심으로, 40년을 돌보셨습니다. 이는 이스라엘을 성숙시키고자 하는 하나님의 인내라고 할 수 있습니다. 하나님은 40년을 광야에서 그들을 참아주시며 그들이 성숙할 때까지 지켜주셨습니다. 이와 같은 하나님의 은혜로 이스라엘은 변하기 시작하였습니다.

그들의 변화된 모습은 40년이 지나 가나안 땅에 들어가면서 나타나기 시작하였습니다. 이제 그들에게 불평은 보이지 않았습니다. 하나님의 명령에 의심하지 않고 따릅니다. 여리고 성을 돌게 하시는 명령에도 의심을 표하거나 분노로 반항하지 않았습니다. 오직 순종만이 있었습니다. 하나님이 잠잠히 하라고 할 때 이를 지켰으며 외치라 할 때 외쳤습니다. 그들은 하나님이 주신 놀라운 승리를 누렸습니다. 이제 그들은 하나님이 주신 승리로 마음껏 기쁨의 웃음을 웃게 되었습니다.

고난을 통과한 우리의 모습도 이와 동일합니다. 그의 얼굴에 성숙함이 묻어납니다. 과거에는 조금의 어려움에도 불평불만을 입에 달고 있었지만 지금은 어떤 환경에서도 감사가 입에서 먼저 나옵니다. 웃음이 얼굴에서 떠나지 않습니다. 이것은 강압에 의한 미소와 다릅니다. 마음 깊이 우러나는 기쁨의 웃음으로써 고난을 통과한 성숙한 자만이 지을 수 있는 미소입니다.

승리의 웃음을 웃어라

중요한 것은 우리가 최종적인 승리자의 웃음을 갖는 것입니다. 승리자는 과거에 연연하지 않습니다. 승리자는 현재의 영광을 누리는 동시에 미래에 소망을 갖습니다. 승리자의 얼굴에는 결코 고통의 찡그림이 있을 수 없습니다. 오직 환한 빛과 밝은 미소만이 있습니다.

우리가 승리자의 웃음을 가질 수 있는 것은 하나님이 고난을 통해 우리를 성숙시켜 주셨기 때문입니다. 욥이 모든 사람들 앞에 인정받을 수 있는 이유 역시 그의 성숙함에서 찾을 수 있습니다. 그는 상상할 수 없는 큰 고난과 충격을 받았으나 그는 그 가운데서도 하나님을 의지하며 하나님이 그를 판결해 주실 것을 믿고 사람들을 의지하지 않았습니다. 하나님은 그의 믿음을 성장시켜 주셨고 다른 사람들이 깨달을 수 없는 놀라운 진리를 알게 하셨습니다. 고난은 우리를 웃음으로 인도합니다. 고난이 당장은 우리에게 큰 고통이 되지만 이는 놀라운 성장을 가져옵니다. 마치 이스라엘이 광야를 통과하여 거둔 놀라운 변화와 같습니다.

이전에는 바로 눈앞의 어려움에도 절망하고 넘어졌으나 이제는 고난에 연연하지 않습니다. 이전에는 그와 같은 어려움을 당하게 되면 의지할 수 있는 다른 사람을 찾기에 바빴지만 이제는 조용히 하나님을 찾습니다. 하나님만이 진정한 도움이라는 사실을 확신하기 때문입니다. 전과 달리 고난당한 사람들이 우리를 찾아옵니다. 이제 우리는 다른 사람들을 조언하고 도움을 주는 위로자가 됩니다. 사람들은 우리의 모습에서 환한 미소와 웃음을 발견하고 이를 배우고자 할 것입니다. 이것이 바로 고난을 통과 후 얻은 성숙함의 효력입니다. 우리의 얼굴에는 모든 사람들이 따르고 배우고 싶어 하는 환한 미소와 웃음만이 남아 있게 될 것입니다.

따라서 승리의 웃음은 하나님의 구원을 간증하고 하나님을 전하는 귀한 도구가 된다고 할 수 있습니다. 이와 같은 웃음은 또한 보는 이로 말미암아 하나님께 영광 돌리며 하나님을 칭송하는 계기가 되기도 합니다. 우리는 승리의 웃음으로 하나님을 널리 전하는 승리의 사람이 되어야 할 것입니다. '웃는 자가 이긴다.'

우리 가정의 버팀목, 웃음

Be joyful always; pray continually; give thanks in all circumstances.

컴퓨터에 가족사진을 정리하다가 몇 해 전 큰 사고로 어려운 시기를 보냈던 그때를 떠올려 봅니다. IMF에 직장을 잃고 새로 시작한 일이 환경 관련 일이었습니다. 특히 혼자서도 문제없이 운영할 수 있어서 더욱이 자신감이 있었고 열심을 다하였습니다. 많은 분들의 도움으로 어려움 없이 경제적인 여유도 가졌습니다. 그러던 중 모든 일을 혼자서도 가능하다고 느꼈던 저는 안전 예방 조치에 미흡했고 저의 착오와 그릇된 판단으로 사고를 당하였습니다.

얼굴과 척추를 크게 다쳐서 안면 함몰 복원 수술을 받았고 척추골절로 병원에서 수개월을 보냈습니다. 거기다가 우리 집 늦둥이 막내는 거동이 불편하고 밤낮이 자주 바뀌어서 집사람은 항상 잠이 부족하였고 저까지 다치게 되니 굉장히 힘든 상황의 연속이었습니다. 하지만 힘든 것 내색하지 않고 막내 아이와 함께 저에게 매일 찾아와 투정을 들어 주고 간호하였습니다.

저는 어려운 환경임에도 불구하고 늘 얼굴에 미소와 여유를 잃지 않는 아내를 보며 너무나 감사한 마음이 컸습니다. 긍정적인 마음과 따뜻한 미소가 우리 가정의 버팀목이고 힘이라고 생각합니다. 하근수 목사님의 "그래도 웃어보세요"는 어느덧 우리 가정의 모토가 되어 버렸습니다. 앞으로도 미소와 웃음을 잃지 않는 그런 가정이 되겠습니다.

요즘도 막내는 새벽까지 집사람을 불러대며 이것저것 시키면서 피곤하게 하고 잠을 설치게 합니다. 그럼에도 불구하고 집사람은 투정 한마디 없이 한결같은 표정으로 막내의 말을 다 들어주고 대꾸해 준 뒤에 잠을 청합니다. 그리고 아침이면 피곤한 몸에 잠자는 막내를 휠체어에 태우고 웃으며 분주하게 이곳저곳으로 다닙니다.

"그래도 웃어보세요."

조재필 권사

9장

어떠하든지 웃으라

Be joyful always; pray continually; give thanks in all circumstances,

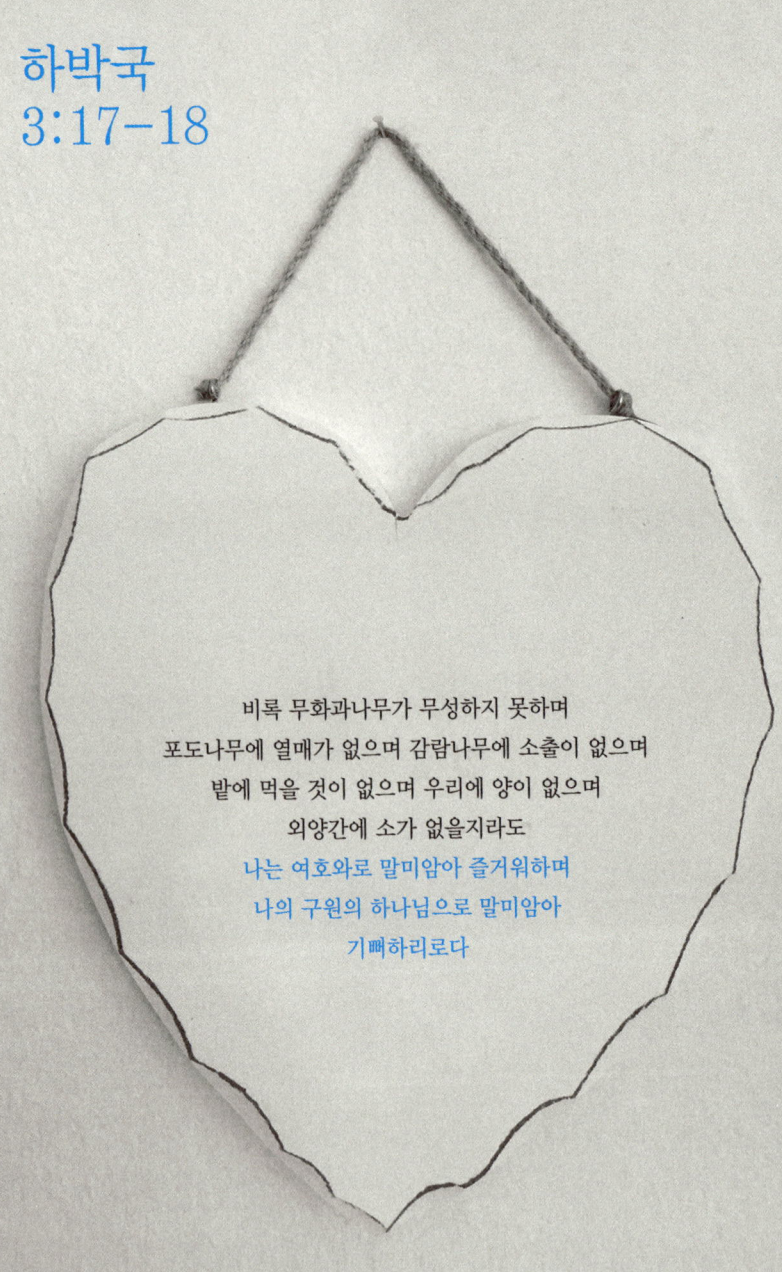

09

우리에게 오직 웃고만 살라고 한다면 그것은 잔인한 폭력이 될 것입니다. 우리는 슬픔, 두려움, 아픔, 외로움 등을 포함한 다양한 감정들을 갖고 있기 때문입니다. 그리고 이러한 감정들은 때때로 우리에게 활력과 침착과 독립과 협력 등 다양한 상황과 가능성을 부여하는 기능으로 작용하기도 합니다. 하나님이 요청하는 기쁨은 감정을 무시하는 무자비한 명령이 아닙니다. 우리의 감정을 존중하시는 하나님이 상황과 감정을 뛰어넘는 능력을 주신다는 의미입니다.

우리의 감정은 상황에 따라 크게 좌우됩니다. 우리가 큰 혼란을 겪게 될 때 우리의 감정은 우리를 두려움과 슬픔으로 뒤덮이게 합니다. 이는 우리를 뒤흔들어 판단력과 방향 감각을 잃게 합니다. 따라서 무엇을 해야 할지, 어디를 가야 할지 알 수 없게 됩니다.

그렇다면 우리는 위기 상황을 맞이할 때 어떻게 해야 할까요? 이와 같은 질문은 모든 사람들에게 해당됩니다. 환경과 위기에서 자유로울 수 있는 사람은 아무도 없습니다. 성경은 이와 같은 위기를 맞은 우리에게 어떤 조언을 할까요? 성경은 우리에게 한 모범을 제시합니다. 그는 바로 하박국 선지자입니다. 제가 그를 모범이라고 생각하는 것은 그에게 닥친 위기가 우리의 상황과 무관하지 않기 때문입니다. 우리도 혼돈과 죄악으로 가득한 사회를 보며 한탄하고 주님의 임재를 바라보고 있습니다. 우리의 질문도 동일하게 '그리스도인은 이 속에서 과연 어떻게 살아야 할 것인가?' 입니다. 따라서 하박국 선지자의 질문과 깨달음은 우리에게 큰 도움이 됩니다.

침묵하고 계신 하나님

> 2 여호와여 내가 부르짖어도 주께서 듣지 아니하시니 어느 때까지리이까 내가 강포로 말미암아 외쳐도 주께서 구원하지 아니하시나이다 3 어찌하여 내게 죄악을 보게 하시며 패역을 눈으로 보게 하시나이까 겁탈과 강포가 내 앞에 있고 변론과 분쟁이 일어났나이다 합 1:2-3

하박국 선지자가 당한 고난이 우리에게 더 크게 다가오는 이유는 하나님이 유다의 불의한 사회 현상에 침묵하고 계셨다는 사실입니다. 하나님의 침묵은 하나님의 자녀에게는 큰 고통이 됩니다. 하나님이 침묵하신다는 것은 하나님의 자녀들에게는 고난의 시기를 의미합니다. 하나님은 침묵으로 진노를 나타내십니다. 이와 같은 때는 하나님의 자녀들에게는 인내가 요청되는 시련이 됩니다. 하박국의 배경은 침묵하고 계시는 하나님으로 시작됩니다.

하지만 하박국 선지자는 하나님이 결코 침묵하고 계시면 안 된다고 생각했습니다. 유다 사회는 혼란과 위기 가운데 있었습니다. 북이스라엘의 멸망 후 홀로 남은 유다가 심각한 영적 위기를 맞고 있었던 것입니다. 사람들은 타락하여 하나님을 떠났으며 불의와 폭력이 난무하였습니다. 이들을 바라보는 하박국 선지자의 마음은 찢어졌습니다. '어떻게 사람들이 저럴 수 있을까? 어떻게 다른 사람들을 해치고 자신만이 잘 살려고 할 수 있을까?' 라고 말입니다. 잔혹한 폭력이 난무하였습니다. 하박국 선지자는 하나님께 기도하며 항의하였습니다. 왜 하나님은 그들의 불의를 바라만 보시고 침묵하고 계시냐고 말이죠.

응답을 기다리고 있는 하박국 선지자에게 하나님은 충격적인 말씀을 하셨습니다. 그것은 유다 사회 전체를 심판하시겠다는 것이었습니다. 하박국 선지자의 기도는 아마 범죄자들이 활개치고 다니는 어두운 사회를 향한 폭로였을 것입니다. 그는 죄를 범한 그들만 벌하시면 하나님의 공의가 이루어지는 것으로 생각했던 것입니다. 하지만 하나님의 심판은 그들뿐 아니라 유다 전체를 멸망시키는 엄청난 대적의 공격이었습니다.

너무도 강력한 하나님의 심판은 하박국 선지자로 하여금 놀라 입을 다물게 하였습니다. 하나님의 이와 같은 답변에 기쁨을 표현할 수 있는 사람이 어디에 있을까요? 하나님의 거대한 심판을 바라보는 선지자의 반응은 어떠할까요?

우리 역시 하나님이 주신 응답이 우리의 마음과 다를 때가 많습니다. 때론 그 응답이 나를 서운하게 하고 때론 분노로 반응이 될 정도로 수긍이 가지 않을 때가 있습니다. 이와 같은 반응은 결국 하나님의 뜻을 알지 못하기 때문에 일어나는 현상이기도 합니다. 하나님의 뜻을 알지도 이해하지도 못하니 결국 우리 중심으로 생각하고 하나님의 뜻을 오해하여 분노하게 되는 것입니다. 하나님의 뜻을 온전히 이해하기 위해서는 어떻게 해야 할까요?

인내를 요청하시는 하나님

> 내가 내 파수하는 곳에 서며 성루에 서리라 그가 내게 무엇이라 말씀하실는지 기다리고 바라보며 나의 질문에 대하여 어떻게 대답하실는지 보리라 하였더니 합 2:1

하박국 선지자는 다시 하나님께 기도하고 하나님의 응답을 기다렸습니다. 하박국 선지자의 불평이 담긴 기도는 왜 의인이 악인과 함께 멸망해야 하냐는 것이었습니다. 분명 잘못은 악인들이 했고 그들을 심판하시는 것이 맞는데, 이 때문에 의인들까지 고통을 당하고 죽임을 당하게 된다면 공정성에 맞지 않습니다. 이와 같은 하박국 선지자의 기도는 하나님의 응답이 악인만 벌하심이 아닌 유다 사회 전체를 멸하실 계획을 말씀하셨기 때문입니다. 하박국 선지자는 인내로써 하나님의 응답을 기다렸습니다.

우리 역시 하나님께 기도드린 후 인내로써 기다림이 필요합니다. 우리는 너무 성급합니다. 기도하고 즉각 하나님이 응답해주시지 않으면 바로 절망하고 하나님이 계시지 않는 것 같다고 한탄합니다. 아닙니다. 하나님은 독단적인 폭군과 다릅니다. 하나님은 우리의 처한 상황을 너무 잘 아십니다. 그리고 우리가 드리는 기도에 귀를 기울이십니다. 하지만 하나님은 우리가 인내로써 하나님을 기다리고 성장하기를 원하십니다.

이와 같은 하나님의 인내로 기다리심은 요나서에서 요나를 대하시는 하나님의 모습에서 잘 나타납니다. 요나는 큰 성읍 니느웨로 가서 '그것을 향해 외치라'는 하나님의 명령에 순종하기를 거절하였습니다(욘 1:1). 그것은 니느웨가 자신의 민족 이스라엘에게 해를 끼치고 있던 앗수르의 수도였기 때문입니다. 요나는 하나님의 뜻을 좌절

시키고자 니느웨와 반대 방향에 있던 다시스로 도망가고자 하였습니다. 하지만 하나님은 큰 폭풍으로 요나를 막으셨습니다. 그리고 하나님은 선원과 선장을 통해, 그리고 깊은 바다를 통해, 물고기 뱃속의 고통을 통해 그를 설득하셨습니다. 하나님의 인내의 설득은 요나로 하여금 다시 일어나게 하였습니다. 이는 우리에게 인내의 본이 됩니다. 기다리실 필요가 없는 하나님이 연약한 우리를 위해 기다리시고 설득하십니다. 그런 하나님의 인내를 생각할 때 우리는 감사드릴 수밖에 없습니다. 우리 역시 하나님을 기억하며 기도한 후 조바심과 초조함으로 있을 것이 아니라 인내로써 하나님의 뜻을 기다려야 할 것입니다.

오직 믿음으로 살라

> 3 이 묵시는 정한 때가 있나니 그 종말이 속히 이르겠고 결코 거짓되지 아니하리라 비록 더딜지라도 기다리라 지체되지 않고 반드시 응하리라 4 보라 그의 마음은 교만하며 그 속에서 정직하지 못하나 의인은 그의 믿음으로 말미암아 살리라 합 2:3-4

하박국 선지자에게 주신 하나님의 말씀은 심판이 속히 임할 것과 의인이 사는 방법에 관한 것이었습니다. 의인이 사는 방법은 바로 하박국 선지자가 하나님께 던진 질문과 관계됩니다. 하나님의 대답은 바로 의인은 '믿음으로 말미암아 살리라'는 것입니다. 세상에는 폭력과 불법이, 학살과 범죄가 차고 넘치며 끊이지 않습니다. 불의로 이득을 취하고 타인을 파멸시키며 기뻐합니다. 또한 방탕한 생활을 즐기며 그들에게 기쁨을 주는 우상을 신뢰합니다. 이 가운데서 과연 의인은 어떻게 살아가야 할까요? 하나님은 '의인은 믿음으로 살리라'는 말씀으로 새로운 길을 제시합니다. 믿음으로 사는 것은 하나님과 신뢰의 관계를 가진다는 것을 의미합니다. 하나님과의 신뢰 관계는 하나님의 행하심을 이해할 수 없을 때에라도 그 믿음이 변치 않는 것을 가리킵니다. 믿음은 하나님 계시에 대한 우리의 반응입니다. 우리가 하나님을 붙들고 신뢰하며 하나님을 믿을 때 우리는 하나님이 계획하고 계시는 그 미래를 바로 볼 수 있게 됩니다. 따라서 우리는 하나님을 신뢰하는 가운데 기쁨과 평안을 얻을 수 있습니다. 세상은 우리를 두렵게 하고 절망하게 하지만 하나님은 우리로 하여금 담대하게 세상을 이길 수 있도록 사랑과 격려로 힘을 주십니다.

우리는 믿음으로 하나님의 임재를 경험합니다. 우리는 하나님이 우리와 함께하시고 동행하심을 믿음으로 고백할 수 있는 것입니다. 두려운 일을 만날 때 우리 마음에 성령님의 뜨거운 임재를 경험합니다.

잔혹한 세상에서 고난당할 때 우리를 위해 십자가를 지신 그리스도의 임재를 느낄 수 있습니다. 따라서 우리는 믿음을 통해 위로와 격려 그리고 용기를 얻으며 놀라운 치유를 경험합니다.

하나님은 우리에게 믿음을 요청하십니다. 이 믿음은 우리에게 현재의 어두운 현실이 아닌 하나님을 바라보게 하며 우리를 위해 죽으시고 부활하신 예수 그리스도를 소망하게 합니다. 그리고 우리에게 능력과 힘을 주시는 성령님을 의지하게 합니다. 결국 우리는 믿음으로 어떠한 환경 가운데에서도 그리스도인으로서 평안과 웃음을 가질 수 있는 것입니다.

주 안에서 즐거워하라

17 비록 무화과나무가 무성하지 못하며 포도나무에 열매가 없으며 감람나무에 소출이 없으며 밭에 먹을 것이 없으며 우리에 양이 없으며 외양간에 소가 없을지라도 18 나는 여호와로 말미암아 즐거워하며 나의 구원의 하나님으로 말미암아 기뻐하리로다

합 3:17-18

하박국 선지자가 하나님의 유다 심판을 인정하고 다시 하나님을 바라본 것은 그가 하나님이 말씀하신 의인이 사는 방법을 이해했기 때문입니다. 의인이 험한 환경 속에서도 살 수 있는 이유는 바로 믿음입니다. 하나님을 의지하는 가운데 하나님의 위로와 격려 그리고 용기와 치료를 경험하고 구원을 소망할 수 있게 됩니다. 하박국 선지자는 비록 당장은 유다가 포로가 되어 큰 시련을 당하게 되지만 먼 미래에 다시 회복하여 하나님의 사랑받는 백성들이 될 것임을 확신하였습니다. 따라서 그는 흔들리지 않는 확실한 믿음을 갖게 되었던 것입니다.

비록 하박국 선지자는 미래에 다가올 고난의 환상을 보고 두려워 떨었지만 하나님이 승리와 해방의 날을 주실 것임을 확신하고 그 승리의 날을 기뻐하였습니다. 그리고 그는 이제 믿음과 기쁨의 삶을 살 것을 결단하였습니다.

눈앞에 먹을 것과 입을 것 모두가 사라지고 저축할 수 있는 재물이 하나도 없다 하더라도, 또한 당장 현재의 삶이 전혀 보장이 되지 않더라도 하나님이 여전히 구원자가 되시며 능력의 원천이 되실 것임을 확신할 때 우리는 웃을 수 있습니다.

이와 같은 하박국 선지자의 모습은 세상에서 고통당하고 있는 그리스도인들에게 소망이 됩니다. 비록 우리의 현실은 고난이 계속되더라도 믿음이 있는 한 우리는 하나님이 반드시 승리 주실 것을 확신할 수 있습니다. 이로 인해 우리는 언제나 감사와 기쁨이 넘치는 삶을 살 수 있습니다. 하박국 선지자의 고백과 같이 비록 우리 앞에 있는 현실의 소망은 모두 무너졌으나 여호와로 인하여 즐거워하며 구원의 하나님으로 인하여 기뻐할 수 있게 됩니다.

'어떠하든지' 의 믿음

하나님 안에서의 웃음의 삶은 '어떠하든지' 의 믿음이라 할 수 있습니다. 그것은 우리의 상태나 상황을 초월하기 때문입니다. 비록 우리가 이 땅에서 소망할 수 있는 것이 아무것도 없을지라도, 비록 자랑할 수 있는 기쁨이 아무것도 없을지라도 기뻐할 수 있어야 합니다. 이와 같은 기쁨은 이 땅에 소망을 두지 않고 오직 하나님께 소망을 두며, 하나님이 반드시 약속하신 대로 구원을 이루실 것임을 확신할 때 갖는 것입니다.

우리의 앞이 환하지 않더라도, 고난이 우리를 아프게 할지라도, 주위에 신뢰할 수 있는 것이 전혀 없을 지라도 하나님을 신뢰하는 믿음이 있는 한 우리에게 두려움은 없습니다. 하나님이 하박국 선지자에게 말씀하신 것처럼 '의인은 믿음' 으로 살 수 있습니다. 따라서 우리는 하박국 선지자와 같이 '어떠하든지' 의 믿음을 갖기를 원합니다.

하나님의 다스리심을 믿고 우리를 선하게 인도하실 것임을 확신하는 가운데 하나님이 보여주시는 미래를 바라보고 기쁨으로 나아가야 할 것입니다. 하나님을 신뢰하는 우리는 우리의 삶이 어떠하든지, 우리의 사회가 어떠하든지 환한 웃음과 미소를 가질 것입니다. 이것이 바로 믿음을 가진 의인으로서 우리가 가져야 할 모습임을 잊지 말아야 합니다.

고난 속에서도 감사

Be joyful always; pray continually; give thanks in all circumstances,

여러분 사랑합니다. 먼저 저의 아픔을 나누려고 합니다. 저는 2017년 1월 초 대학병원에서 췌장암 판정을 받았습니다. 간에도 전이되어 수술이 어렵다 하여 항암 약을 복용하던 중 가족들이 병원을 옮겨 서울 모 병원에서 수술을 하게 되었습니다.

거듭된 많은 검사와 진행 과정을 놓고 온 가족이 전심으로 기도하였습니다.

3월 초 침대에 누워 수술실로 이동하던 저는 주님이 주시는 평안으로 두려움 없이 담대하게 기다릴 수 있었으며 수술실로 이동하는 내내 시편 103편의 〈찬양하라 내 영혼아〉 찬양을 부르며 씩씩하게 나아갔습니다. 참으로 마음에 평안을 주신 하나님의 은혜였습니다.

8시간에 걸쳐 췌장과 간 절제 수술과 십이지장, 담낭을 제거하는 수술을 받았습니다.

깨어나 보니 중환자실, 가족들이 함께 기도해 주었습니다. 통증은 있었지만 감사의 눈물이 흘렀습니다. 많은 회한이 몰려왔습니다. 이제 넘어야 할 산이 많다고 하였습니다. 하루하루가 고비였지만 저는 하루 이틀 심한 통증과 현실에 투쟁하며 상상할 수 없는 빠른 회복을 보였습니다. 아니 순간순간 주님이 함께하심을 느끼는 시간이었습니다. 그렇게 시간이 흘러 이번엔 항암 치료가 시작되었습니다. 머리카락도 사정없이 빠지기 시작했습니다. 면역력 수치가 떨어져 치료를 받지 못하고 그냥 집으로 돌아온 적도 두어 번 있었습니다. 그러면서 6차 항암을 마쳤습니다. 정말 힘들고 괴로운 시간들이었습니다. 그러나 단 한 가지 주님이 나를 붙들어 주셔서 살 수 있다는 믿음이 있었습니다. 그리고 마음의 여유 없이 달려왔던 나의 삶, 이제 내려놓고 매일 감사하며 하나님께서 기뻐하시는 일을 하며 살아갈 것을 다짐했습니다.

제가 아픈 이후 이미 남편은 홀로 어려움을 극복하기 위해 감사일지를 하루도 거르지 않고 작성하고 저에게도 읽어 주었습니다. 평상시 별일 아닌 것처럼 느껴지던 것이 이제는 매 순간순간 감사로 채워져 가고 있습니다. 열거하면 너무 많지요. 매주일 목사님은 강조하십니다. "그래도 웃어보세요." 또 새로운 도전을 주십니다. 말씀을 통해 눈으로 보고 귀로 듣고 몸으로 느낀 긍정의 힘이 이제 행동으로 나타나길 기도합니다.

그간 목사님과 많은 성도님들의 끊이지 않는 기도와 따뜻한 위로, 부목사님과 전도사님의 정성어린 심방 예배, 눈물 나도록 고맙고 감사할 뿐입니다. 그동안 왜 내가 세상의 작은 일에 여유도 없이 이토록 매달려 안절부절못하고 전전긍긍하며 살아왔는지 주님 앞에 죄인인 모습으로 회개합니다.

앞으로도 넘어야 할 산과 지나야 할 터널이 많겠지만 이제 소중한 것을 찾았습니다. 그 답은 역경 가운데서도 주님의 십자가의 죄 사함의 은혜와 사랑을 느끼며 웃어보는 여유와 감사하는 마음이 아닐까요? 무릎 꿇고 주님 앞에 진정한 믿음 갖게 해달라고 간구합니다.

"은밀한 중에 보시며 나의 신음에도 귀 기울이시는 하나님, 오늘도 드러내지 않으며 신중하게 주님 바라시는 것들을 행할 수 있도록 도와주세요. 어떠한 상황 가운데서도 감사의 웃음을 짓는 성도 되게 해주세요."

여러분은 지금 어떤 어려움이 있으신가요? 그래도 한번 웃어보세요. 이 또한 지나갑니다. 사랑하고 감사합니다.

배기열 권사

웃음과 울음

Be joyful always; pray continually; give thanks in all circumstances.

저는 지금까지 많은 감정들 중에 웃음을 좋아하고 울음을 사랑했습니다. 웃음과 울음, 이 두 감정들과만 잘 사귀어도 좀 더 행복하고 여유로울 것 같습니다. 하지만 저에게는 울음이 보다 가깝고 편합니다. 저는 하나님께 기도할 때면 설움의 눈물과 함께 부족한 저를 사랑하시는 하나님께 감사하여 기쁨의 눈물을 흘립니다. 넘치는 은혜를 감당할 수 없어 아이와 같이 엉엉 소리를 내어 웁니다. 저에게 눈물은 슬픔과 고통의 치료제입니다. 신기하게도 효과가 즉시 나타납니다. 울고 나면 거룩하신 그분과 당당하게 눈 맞춤이라도 하고 싶을 만큼 마음이 정화된 느낌이 듭니다.

제 딸은 저에게 웃음을 주는 존재입니다. 몇 년 전 미국으로 시집간 딸과 수 년 만에 만났습니다. 둘이서 팔짱을 끼고 어깨를 기대며 집 근처를 걸었습니다. 그렇게 산책을 하다가 딸아이가 갑자기 하늘을 쳐다보며 하얀 이를 드러내고 계속 웃었습니다. 의아해 하는 저에게 딸이 말했습니다. "엄마를 보내주셔서 너무 좋아서 감사하는 거야. 땡큐 하나님, 땡큐 하나님, 하나님 땡큐!" 그렇게 중얼거리며 웃었습니다. 저는 아직 하나님을 향해 그렇게 웃어본 적이 없습니다. 우는 것보다 웃는 것이 더 성숙한 자 같습니다. 웃음이란 기쁨과 행복과 승리의 표현입니다.

저에게 우리 목사님은 웃음의 모델이기도 합니다. 목사님은 매일 웃으며 사십니다. 감사해도, 안 웃겨도, 웃겨도, 피곤해도 웃으십니다. 제일 특이한 것은 화가 나도 웃으신다는 것입니다. 사무실에서 같은 실수를 반복해도 다시 말씀해 주시고 또 웃으십니다. 사람이 일보다 소중하기 때문이라고 하십니다. '어떻게 그러실 수 있지?' 그런 목사님을 연구할 때쯤 저는 말씀에서 답을 찾았습니다. "분을 내어도 해가 지도록 분을 품지 말고 마귀로 틈을 타지 못하게 하라"(엡 4:26-27). "노하기를 더디 하는 자는 용사보다 낫고 자기의 마음을 다스리는 자는 성을 빼앗는 자보다 나으니라"(잠 16:32). 목사님의 인생철학은 "인사만 잘해도 먹고는 삽니다", "그래도 웃어보세요" 입니다. 저는 그 말씀을 곱씹으며 고개를 끄덕였습니다. '그래 그럼에도 불구하고 아침에 인사는 해야지', '그래 그럼에도 불구하고 만나면 그래도 웃어야지' 이제야 우는 것보다 웃는 것이 온전한 믿음이라는 것을 깨달았습니다.

저는 마음속에 일어나는 화에 관한 상담을 자주 받습니다. 오해와 배신, 거절과 부당한 요구들에서 겪는 심리적인 사건에 관한 것입니다. 성도님들은 가까이 지내던 사람의 행동과 말이 도저히 이해불가

하다고, 이 상황이 정말 화가 나고 기가 막힌다고 격정적으로 말씀하시며 분을 참기 힘들어 하십니다.

그러면 저는 "네 그렇군요. 많이 힘드셨군요. 이해가 돼요, 한편으로 생각하면 애들처럼 너무 우스운 상황이 되셨네요"라고 말합니다. 그러면 그분은 "그렇지요. 정말 우습지요. 네에 정말 듣고 보니 웃음이 나네요." 저는 다시 말합니다. "그래요, 그냥 웃어넘기세요. '그래도 웃어보세요' 아시지요?" 이렇게 말하면 그분도 웃습니다. "그래요, 제가 웃고 말지요"라고 대답합니다. 저희 둘은 그렇게 한참을 웃으며 상담을 마무리합니다. 문제의 답은 그래도 웃는 것이었습니다.

"그래도 웃어보세요." 참으로 위대한 힘이 있습니다. 누군가 화를 주지만 내 웃음은 화를 거절합니다. 그래도 웃는 사람은 자기 자신의 감정을 선택할 수 있는 자유로운 의식의 소유자입니다. 화가 날 때 자신의 의지로 그 화를 웃음으로 감싸 안을 수 있는 훈련된 능력자입니다. 그래도 웃을 수 있는 사람은 화로부터 해방되어 자애로운 사람으로 변할 수 있습니다. 우리의 표현을 바꾸면 그 표현에 적합한 새로움이 시작됩니다. 이처럼 그래도 웃는 표현은 우리 운명을 바꾸는 힘을 창조해 낼 것입니다. 저도 화가 날 때도 그래도 웃을 수 있는 능력자가 되었으면 좋겠습니다.

"그럼에도 불구하고~~ 그래도 웃어보세요."

"소리를 내서 웃으면 더 좋습니다."

"웃음은 최고의 뇌 운동으로 몸에 좋은 면역력이 생긴답니다."

"하늘을 향해 그래도 웃어보세요."

"세상을 향해 그래도 웃어보세요."

"이웃을 향해 그래도 웃어보세요."

"가족들을 향해 그래도 웃어보세요."

"주어진 사역을 향해 그래도 웃어보세요."

"지금 웃으세요."

"웃었다면 그래도 한 번 더 웃어보세요."

"그래도 웃어보세요."

천순복 전도사

10장

천국을 바라보며 웃으라

Be joyful always; pray continually; give thanks in all circumstances,

사도행전
6:9-15

이른 바 자유민들 즉 구레네인, 알렉산드리아인, 길리기아와
아시아에서 온 사람들의 회당에서 어떤 자들이 일어나
스데반과 더불어 논쟁할새 스데반이 지혜와 성령으로 말함을
그들이 능히 당하지 못하여 사람들을 매수하여 말하게 하되
이 사람이 모세와 하나님을 모독하는 말을 하는 것을 우리가
들었노라 하게 하고 백성과 장로와 서기관들을 충동시켜 와서
잡아가지고 공회에 이르러 거짓 증인들을 세우니 이르되
이 사람이 이 거룩한 곳과 율법을 거슬러 말하기를
마지 아니하는도다 그의 말에 이 나사렛 예수가
이 곳을 헐고 또 모세가 우리에게 전하여 준 규례를
고치겠다 함을 우리가 들었노라 하거늘 공회 중에
앉은 사람들이 다 스데반을 주목하여 보니
그 얼굴이 천사의 얼굴과 같더라

10

우리는 종종 우리의 삶이 이 땅에서만 그치는 것처럼 살 때가 많습니다. 매일의 삶에 얽매여 현재의 삶이 전부인 것처럼 생각합니다. 지금 풍성함을 누리지 못하면 우리의 삶이 완전히 실패한 것이라고 푸념합니다. 하지만 아닙니다. 우리의 삶은 이 땅에서 만으로 그치지 않습니다. 우리에게는 하나님과 함께하는 영원한 나라가 있습니다. 이를 바라보기에 우리는 이 땅에 있는 모든 것을 헛된 것으로 여기며 하나님 나라를 최고의 가치로 여기는 것입니다.

만일 우리의 삶이 이 땅이 전부라고 한다면, 우리의 삶이 죽음 후에 아무것도 없다고 한다면 우리는 이 세상에서 가장 불쌍한 사람이라고 할 수 있습니다. 우리는 하나님과 함께할 날을 소망하며 이 땅의 모든 것을 버렸기 때문입니다. 우리는 예수님과 함께 누릴 영광을 소망하기에 예수님과 함께 십자가를 지는 삶을 자처합니다.

이처럼 주님과 함께할 천국을 소망하며 고난을 기쁨으로 여겼던 대표적인 인물로 스데반을 소개하고자 합니다. 그는 주님을 위해 고난을 받았을 뿐 아니라 하늘을 우러러 하나님의 영광과 예수님이 하나님 우편에 서신 것을 보았습니다. 그는 비록 죽음을 앞두고 있었지만 천사의 얼굴과 같은 놀라운 모습을 하고 있었습니다.

상황을 뛰어넘어라

스데반은 매우 위험한 상황 가운데 있었습니다. 그를 향해 사람들은 거칠게 논쟁을 걸어왔습니다. 험악한 분위기는 점점 더 거세졌습니다. 하지만 그는 그들을 하나씩 물리쳤습니다. 그는 결코 두려워하지도 뒤로 물러서지도 않았습니다. 그들은 지혜와 성령으로 말하는 스데반을 도저히 상대할 수 없자 사람들을 매수하기 시작하였습니다. 그리고 스데반이 모세와 하나님을 모독하였다고 거짓 증언을 하게 하였습니다. 그들의 거짓 증언으로 스데반은 곧 공회에 세워졌습니다. 수많은 거짓 증인들이 거짓말로 스데반을 고소하였습니다. 그들의 위세는 대단하였습니다. 없는 증거도 만들어 내어 스데반을 무너뜨릴 계획이었습니다. 하지만 스데반은 그들의 공격에 무너지지 않았습니다. 오히려 그의 얼굴은 빛났으며, 이는 마치 천사의 얼굴과도 같았습니다. 스데반의 얼굴은 위엄이 있었고 따뜻한 미소가 있었습니다. 그들은 감히 스데반을 바라볼 수도, 대적할 수도 없었습니다.

스데반이 이처럼 담대할 수 있었던 이유가 어디에 있었을까요? 그것은 그를 지켜보시고 힘을 주시는 주님의 은혜가 있었기 때문입니다. 스데반은 자신이 혼자가 아니라는 사실을 알았습니다. 성령님이 그의 마음에 힘을 주셨고 예수님이 그를 위해 기도하셨습니다. 천사들 또한 스데반을 열심히 도왔을 것입니다. 스데반의 얼굴이 천사와 같이 빛났습니다. 이는 주님의 영광과 은총이 그의 얼굴에 머물렀기 때문입니다. 그는 분명 주님과 같은 밝은 미소를 지었을 것입니다. 사람들은 그의 얼굴에서 주님의 얼굴을 발견하였을 것입니다.

　우리가 상황을 뛰어넘을 수 있는 이유는 주님께 있습니다. 우리가 혼자였다면 분명 넘어지고 말았을 것입니다. 하지만 우리는 혼자가 아닙니다. 스데반이 담대할 수 있는 이유와 동일합니다. 주님이 우리를 붙들어 주시기 때문에 우리는 언제나 담대할 수 있습니다. 성령님이 우리를 도와주시고 예수님이 힘을 주시기 때문에 넘어질 수밖에 없는 고난 속에서도 환한 미소로 마주할 수 있습니다. 우리는 더 이상 절망하거나 낙담할 필요가 없습니다. 주님이 우리를 도와주시므로 우리의 승리는 분명합니다. 이제 밝은 미소로써 모든 상황을 맞이할 수 있습니다.

주님을 위하라

> 51 목이 곧고 마음과 귀에 할례를 받지 못한 사람들아 너희도 너희 조상과 같이 항상 성령을 거스르는도다 52 너희 조상들이 선지자들 중의 누구를 박해하지 아니하였느냐 의인이 오시리라 예고한 자들을 그들이 죽였고 이제 너희는 그 의인을 잡아 준 자요 살인한 자가 되나니 53 너희는 천사가 전한 율법을 받고도 지키지 아니하였도다 하니라 행 7::51-53

스데반은 담대하였습니다. 그는 오직 자신의 무죄만을 위해 변론하지 않았습니다. 그의 변론은 오직 주님의 복음을 위한 것이었습니다. 그는 자신의 생명을 지키는 것을 일 순위로 두지 않았습니다. 그는 오직 주님을 위해 변론하였습니다. 스데반의 변론은 그를 고소하였던 자들의 마음을 건드렸고 그들로 분노하게 하였습니다. 스데반은 적나라하게 그들이 지은 죄악을 지적하였습니다. 그들의 행위가 분명 성령을 거스른 것이고, 결국 하나님의 아들 예수님을 죽이는 데까지 이르렀음을 밝혔습니다. 그들은 자신들이 범한 죄를 인정하지 않았습니다. 그들은 스스로 하나님을 섬기는 충성된 자라고 자부하였습니다. 그들은 지금까지 한 모든 일이 하나님을 위한 것이라고 생각했습니다. 그들은 스스로 귀를 닫았습니다. 스데반의 모든 말 듣기를 거절하였습니다. 그들은 자신들이 듣고자 하는 말만을 들으려 하였습니다.

만일 스데반이 자신의 목숨을 위하려 했다면 이와 같은 자극적인 말은 삼가야 맞습니다. 그들을 칭찬하고 그들이 듣기 좋아하는 말만을 골라 하고, 주님을 위한 말은 모호한 말로 덮어야 했습니다. 그리고 그들의 공격을 대비하여 자신의 의견은 감추고 언제나 빠져나갈 수 있도록 여러 방향의 말을 해두어야 했습니다. 하지만 스데반은 자신을 위한 방어를 거절하였습니다. 오직 주님을 위한 뜨거운 마음으로 주님을 위해서 변론하고자 하였습니다. 그의 마음은 언제나 주님을 향해 있었고 주님을 위하는 마음으로 가득 차 있었습니다.

우리 역시 주님을 향한 뜨거운 마음을 가지고 있어야 합니다. 이 열정은 때론 우리를 고난에 빠지게 할 수도 있습니다. 하지만 주님이 우리를 바라보며 힘을 주신다는 사실을 기억해야 합니다. 주님은 우리가 주님을 소망하고 주님을 위해 고난받을 것을 결단할 때 우리에게 이를 감당할 수 있는 놀라운 힘과 은혜를 주십니다. 주님은 주님을 위해 이 세상의 분노를 몸소 감당하며 오직 주님만을 위한 삶을 살고자 하는 우리를 기억하시며 큰 은혜로써 우리를 위로하십니다.

하늘을 바라보라

> ⁵⁵ 스데반이 성령 충만하여 하늘을 우러러 주목하여 하나님의 영광과 및 예수께서 하나님 우편에 서신 것을 보고 ⁵⁶ 말하되 보라 하늘이 열리고 인자가 하나님 우편에 서신 것을 보노라 한대 행 7:55-56

스데반이 고소하는 자들의 거친 공격에도 담대할 수 있었던 이유는 그의 시선에 있습니다. 스데반의 눈은 오직 하나님이 계신 하늘을 바라보고 있었습니다. 스데반은 그를 위협하고 죽음의 공포로 몰아가는 공격자들을 바라보지 않았습니다. 오직 하늘만을 바라보며 하나님이 그에게 주실 위로를 소망했습니다. 이때 성령님은 그를 강력하게 사로잡으셨습니다. 그는 이제 더욱 성령의 충만함 가운데 있게 되었습니다. 그에게 하나님의 은혜가 가득하였고 하나님의 권능이 그의 마음을 사로잡았습니다. 스데반이 눈을 들어 하늘을 바라보니 그곳엔 하나님의 영광이 있었으며, 예수님이 하나님 우편에 서 계셨습니다. 스데반이 보았던 것은 그를 진정으로 사랑하시고 그를 염려하시는 예수님의 간절한 모습이었습니다.

성령님은 그의 마음을 보호함과 동시에 하나님과 함께하는 미래를 소망하게 하셨습니다. 성령 충만한 가운데 그가 목격한 예수님의 서

계신 모습은 그의 심장을 뛰게 하기에 충분하였습니다. 예수님은 하나님 우편에 앉아 평안히 그를 바라보지 않았습니다. 예수님은 서서 그를 간절하게 바라보시며 스데반을 위해 열심히 하나님께 간구하고 계셨던 것입니다. 이와 같은 모습을 본 스데반은 더 이상 참을 수 없었습니다. 그는 자신이 본 것을 명확하게 고백합니다.

> 보라 하늘이 열리고 인자가 하나님 우편에 서신 것을 보노라 행 7:56

그의 목소리에 큰 확신이 있었습니다. 그의 눈은 반짝였으며 그의 얼굴은 해와 같이 밝았습니다. 사람들은 그의 모습에서 주님을 보았을 것입니다. 그렇습니다. 우리의 눈 역시 하늘에 고정되어야 합니다. 우리를 공격하는 세상만을 바라본다면 우리는 금방 두려움에 빠질 수 있습니다.

성경은 반대의 경우를 베드로를 통해 보여줍니다(마 14:22-33).

제자들은 예수님의 명령에 따라 건너편으로 가기 위해 배를 탔습니다. 한참을 가던 그들에게 갑자기 거친 바람과 풍랑이 불어왔습니다. 배는 더 이상 앞으로 나아가지 못하고 뒤집힐 것 같은 위험에 빠지게 되었습니다. 예수님은 고난당하는 제자들을 더 이상 두고 보실 수 없으셨습니다. 예수님은 제자들에게 다가가시기 위해 물 위로 걸어 가셨습니다. 이때 제자들은 바다 위로 걸어오는 예수님의 모습을 보고 모두 놀랐습니다. 그들은 예수님을 유령으로 착각하였던 것입니다. 예수님은 즉시 자신임을 밝히시며 제자들을 진정시키셨습니다. 이때 베드로는 예수님께 특별한 요청을 했습니다.

> 주여 만일 주님이시거든 나를 명하사 물 위로 오라 하소서 마 14:28

그것은 예수님의 권능을 직접 체험하고자 하는 그의 열정을 반영하는 것이었습니다. 예수님은 베드로의 요청에 바로 반응하셨습니다. 그에게 "오라!"고 하셨던 것입니다. 베드로는 예수님의 말씀에 의지하였습니다. 그는 주저하지 않았습니다. 즉시 말씀에 따라 배에서 내려 물 위를 걸어 예수님께 나아갔습니다. 모두들 베드로의 믿음에 찬사를 보냈을 것입니다. 이때까지만 해도 베드로는 승리의 기쁨을 누리고 있었을지도 모릅니다. 다른 제자들이 할 수 없는 일을 그가 용감하게 예수님께 여쭤 홀로 해냈으니, 충분히 자랑스러워할 만합니다. 하지만 점차 거세지는 바람과 물결이 그의 눈에 들어왔습니다. 그의 마음에 갑자기 두려움이 들어왔습니다. 그 두려움은 점점 커져 예수님께 나아가던 발걸음이 둔해졌습니다. 그러더니 그의 발은 점점 물속에 빠지기 시작했습니다.

베드로의 문제점은 무엇일까요? 그것은 그가 능력의 원천이신 예수님을 끝까지 바라보지 않았다는 데 있습니다. 그는 오히려 그에게 두려움을 주는 바람과 거센 물결에 주의를 기울였습니다. 예수님께 시선을 고정시키는 데 실패한 것입니다.

우리도 세상의 거센 공격에 주의를 빼앗기게 되면 베드로가 겪은 동일한 두려움에 빠지게 될 것입니다. 물론 세상의 공격은 두렵고 거칩니다. 하지만 우리는 주님을 바라보아야 합니다. 이를 놓쳐버리면 우리 역시 베드로와 같이 세상의 깊은 물속으로 빠져버리게 될 것입니다. 이때 우리가 할 수 있는 최선책은 바로 베드로가 행하였던 것 같이 주님께 구원을 요청하는 것입니다.

주여 나를 구원하소서 마 14:30

주님은 베드로의 외침을 외면하지 않으셨습니다. 비록 그의 의심을 꾸짖기는 하셨지만 베드로를 향한 애정을 숨기지 않으셨습니다. 여전히 사랑으로 붙잡아 주셨고 그에게 힘을 주셨습니다. 주님은 우리에게도 동일하게 인자한 손길을 내밀어 우리를 붙잡아 주실 것입니다. 비록 우리의 믿음 없음을 꾸짖으시겠지만 우리를 버린다는 의미는 아닙니다. 오히려 사랑으로 붙들어 주셔서 더욱 강한 믿음을 가질 수 있도록 힘을 주실 것입니다.

주님이 예비하신 상급을 바라보라

> ⁵⁹ 그들이 돌로 스데반을 치니 스데반이 부르짖어 이르되 주 예수여 내 영혼을 받으시옵소서 하고 ⁶⁰ 무릎을 꿇고 크게 불러 이르되 주여 이 죄를 그들에게 돌리지 마옵소서 이 말을 하고 자니라 행 7:59-60

스데반이 마지막까지 소망한 것은 무엇이었을까요? 그는 무엇 때문에 이와 같은 어려움을 자처하였을까요? 그가 죽음을 감수하면서까지도 지키고 싶어 했던 것은 무엇일까요? 그것은 아마도 하늘의 상급이었을 것입니다. 그가 이 땅에서의 부귀와 영화를 소망했다면 죽음을 맞이하려 하지 않았을 것입니다. 어떻게 해서든 그 위기를 극복하고 재차 새로운 기회를 노렸을 것입니다. 하지만 그는 주님을 위해 자신을 드릴 수 있는 이때를 기쁨으로 맞이하였습니다.

스데반은 사람들에게 돌에 맞는 순간 주님께 외쳤습니다.

> 주 예수여 내 영혼을 받으시옵소서

그의 이 외침은 분명 하나님께 상달되었을 것입니다. 그의 영혼은 주님께 드려졌습니다. 그의 유일한 소망은 주님과 영원히 함께 거하며 하늘의 상급을 누리는 것이었습니다. 이제 그의 소망은 이루어졌습니다. 성경은 이 마지막 장면을 장엄하게 묘사합니다. 스데반은 더욱 힘을 내어 무릎을 꿇습니다. 그리고 외칩니다.

주여 이 죄를 그들에게 돌리지 마옵소서

스데반은 자신을 향해 해를 끼쳤던 자들까지도 용서하였습니다. 이와 같은 그의 모습은 바로 예수님의 모습이라 할 수 있습니다. 예수님은 십자가상에서 자신을 핍박하는 모든 자들을 용서하셨기 때문입니다. 스데반은 과연 하늘의 상급을 바라본 자의 모범이라 할 수 있습니다. 그는 자신을 핍박하고 억울한 누명을 씌워 죽음으로 몰고 간 사람들까지도 용서하였습니다. 이것은 원수를 사랑하라는 예수님의 말씀의 구체적인 실천이었습니다(눅 6:27).

우리의 눈 역시 주님이 예비하신 상급을 바라보아야 합니다. 이 땅은 우리에게 소망이 될 수 없습니다. 아무리 귀한 것을 줄 것처럼 우리를 유혹하여도 절대 넘어가서는 안 됩니다. 우리는 스데반과 같이 예수님을 소망하며 예수님께 시선을 두어야 합니다. 우리가 주님만을 바라볼 때 주님은 우리에게 하늘의 상급을 채워주십니다. 이는 우리로 하여금 하늘의 웃음으로 살 수 있도록 하십니다.

웃음의 승리

Be joyful always; pray continually; give thanks in all circumstances;

4년 전, 제 모습과 가정을 떠올려 보면 왜 그렇게 못나고 어리석었는지 모릅니다. 화장대 위에 주보를 올려놓으며 언니가 말했습니다.

"다음 주부터 우리 교회 새벽기도 총진군 하는 데 한 번 와 볼래?"

저는 언니에게 대답했습니다.

"미쳤나봐, 내 교회 새벽기도도 안 가는데 인천에서 동탄이 어디라고 거길 가냐!"

저는 언니의 권면을 무시했지만, 하루하루가 지날수록 놓여 있는 주보에 자꾸 눈길이 머물렀습니다.

주일이면 습관처럼 교회 맨 뒷자리 구석으로 가서 설교가 시작되면 꾸벅꾸벅 졸다가 끝날 때쯤 점심 메뉴를 머릿속에 그려가며 누구와의 마주침도 싫어서 쏜살같이 교회를 빠져나와 세상 중심이 되어버린, 주일만 교회에 나가는 '선데이 크리스천'(주일에만 그리스도인)이 되었습니다. 탁상 달력에 적어 놓았던 언니네 교회 '동탄시온교회 새벽기도 총진군 Day'가 자꾸 눈과 마음에 거슬렸습니다. 혼자가기는 그렇고 해서 남편에게 같이 가보자고 했지만, 남편 역시도 제가 그랬던 것처럼 "싫어!"라고 단호하게 거절했습니다.

 2014년 9월 21일 새벽기도 총진군 전날, 아이들의 학교와 유치원이 걱정되어 어머니께 아이들을 부탁했습니다. 어머니는 전철을 세 번씩이나 갈아타고 가야 하는 길인데 할 수 있겠냐며 걱정하셨지만, 늘 그래주셨듯이 저를 믿고 응원해주셨습니다. 어두워진 밤에 막상 혼자 집을 나서려니 겁도 나고 주저주저하는 찰나 생각지도 못하게 막내딸 세담이(6세)가 엄마 어디 가냐며 같이 가고 싶다고 했습니다. 그 당시 세담이는 천식을 앓고 있어 3년째 천식약을 복용 중이었습니다. 차가운 새벽 기온을 생각하면 엄두도 못 낼 일인데, 어린 딸이 동행하겠다며 나서주니 든든한 지원군이 생긴 것 마냥 의지가 되었습니다.

 언니네 집에 도착하니 밤 10시가 되었습니다. 언니는 무너져버린 신앙을 다시 쌓아보자며 기도로 하나님께 매달려 보라고 했습니다. 새벽이 되어 언니네 교회로 향한 첫날 저는 머리를 망치로 맞는 기분이 들었습니다. 어둠이 가시지도 않은 거리에 유모차를 힘차게 밀며 오는 젊은 엄마들과 자전거를 타고 오는 학생들이 줄을 이었습니다. 그리고 교회 앞 도로는 차들이 가득했습니다. 교회 입구는 북적북적하였습니다. 마치 주말에 사람들이 쇼핑몰로 몰려드는 것처럼 동탄시온교회 앞이 그러했습니다. 찬양을 불러야 했지만, 어색하여 마음도 굳어지고 입술도 쉽게 열리지 않았습니다. 첫날 예배는 사람 구경만 했습니다. 집에 돌아가는 전철 안에서 세담이는 졸리지도 않은지 전철 바깥 구경을 하며 흥얼거렸습니다. "세담아, 기도 많이 했어?" 물어보니 흥얼거리던 아이는 주저 없이 "응, 기도 많이 했지, 그런데 기도하는데 하나님이 내 귀에다가 '네가 엄마한테 옷 투정했던 거 용서해 줄게 하셨어.' 그리고 '네가 짜증부린 게 아니라 네 마음 속 사탄이 그런 거니까 괜찮아 하셨어.' 근데 엄마, 사탄이 뭐야?"라고 하는 것이 아니겠어요? 저는 망치로 한 대 얻어맞는 것 같았습니다. 눈물이 핑 돌았습니다. '하나님이 계셨구나, 내 곁에 오셨구나, 난 그런 것도 모르고…'

유치원에 다녀온 세담이는 오늘도 또 이모네 가서 자고 새벽기도 총진군을 가자며 저를 재촉했습니다. 저의 총진군은 그렇게 하루하루 쌓여갔고 회개와 찬양, 하나님 말씀으로 저를 다시 세우게 되었습니다. 9일째 되는 날, 드디어 일이 터졌습니다. 평소 술을 즐겨 마시지도 않던 남편이, 전날 밤 만취 후 친구랑 집에 돌아오던 길에 넘어져 얼굴을 크게 다치고 술도 깨지 않아 출근도 못한 채 아직 자고 있었습니다. 어머니는 집에 오는 저에게 놀라지 말라고 전화로 설명해 주셨습니다. 화가 머리끝까지 뻗쳤습니다. 속이 부글거렸습니다. 밤새 그 모습에 놀라고 속상하셨을 어머니를 떠올리니 죄송하고 또 죄송했습니다. 굳어져 버린 얼굴로 현관문을 열었을 때 어머니는 "쉿! 조용히 해. 방에서 자고 있어. 어차피 일이 이렇게 된 거 그냥 웃어.

화낸다고 돌이켜지는 일 아니니 웃어줘."라고 하셨습니다. 방문을 열고 들어가니 술 냄새가 코를 찔렀습니다. 술에 취해 자고 있는 모습이 너무 낯설고 꼴 보기가 싫었습니다. 얼굴은 다 까져서 피와 진물로 범벅이 되어 있었습니다. 남편은 퉁퉁 부어오른 눈을 슬며시 떴습니다. 저는 속상하고 화나는 마음을 꾹꾹 누르며 "괜찮아? 많이 다쳤네, 다른데 다친 곳은 없어? 좀 더 자."라고 말했습니다. 마음은 화가 났지만 애써 태연한 척하며 화난 얼굴을 감추었습니다. 마음 같아선 욕을 시원하게 한 바가지 해주고 싶었지만 웃어 주었습니다. 마음속으론 하염없이 울며 기도했습니다. "하나님, 무너져버린 나의 마음을 붙잡아 주셨듯이, 상처투성이인 제 남편의 마음과 몸을 치유해 주시고 회복시켜 주세요. 제 남편을 붙잡아 주세요." 부부 싸움도 없이 그 날을 그렇게 아무 일도 아닌 것처럼 웃어 넘겼습니다.

 그런데 신기하게도 이틀 뒤, 새벽기도를 같이 가자며 남편이 뜻밖의 말을 꺼냈습니다. 정말 놀랐습니다. 더욱이 지금은 얼굴이 상처투성이라 바깥출입도 창피한 상황인데도 말입니다. 남편은 모자를 푹 눌러쓰면 된다고 먼저 말을 꺼냈습니다. 이젠 밤 전철을 타고 언니네 가지 않아도 됐고, 남편이 운전해 주는 차로 총진군 마지막 일주일을 함께 다녔습니다. 지금 돌이켜 생각해 보면, 하나님은 저와 늘 함께 계셨고, 무너지는 제 믿음이 안타까우셔서 언니를 통해, 세담이를 통해 저를 일으켜 세워주신 것입니다. 사랑하는 제 남편을 이용해 사탄은 비웃음으로 저의 믿음을 무너뜨리려 했지만, 하나님이 주신 믿음의 웃음이 더 강했기에 남편도 저도 다시금 하나님께 더 가까이 다가갈 수 있었음을 고백합니다.

이제 동탄시온교회는 언니네 교회가 아닌 제 교회가 되었습니다. 하나님의 이끄심으로 우리 가정은 동탄으로 이사하게 되었고, 흉터로 걱정했던 남편의 얼굴도 깨끗이 나았습니다. 더 감사한 일은 천식약을 평생 먹어야 하는 줄 알았던 세담이의 질병이 깨끗하게 나아 더 이상 약을 먹지 않아도 된다는 사실입니다. 사탄이 저를 비웃던 그 날, 제가 평소처럼 짜증과 분노로 나섰다면 어떠했을까요? 무너졌던 신앙생활을 예배로 회복시켜 주신 하나님이 저의 마음을 믿음의 웃음으로 채워주셨고, 저의 남편과 자녀와 가정을 그렇게 믿음의 웃음으로 채워주셨습니다. 하나님 감사합니다.

"그래도 웃어보세요."

신윤희 집사

11장

웃음을 실천하라

Be joyful always; pray continually; give thanks in all circumstances,

11

웃음은 하나님이 우리에게 주신 선물이요, 은총입니다. 하늘의 기쁨을 맛본 사람들은 하나님의 풍성한 웃음을 삶에서 실천할 수 있습니다. 그 얼굴만 봐도 은혜의 빛을 느끼게 됩니다. 우리는 앞서 스데반을 통해 성령 충만한 얼굴의 모습을 살펴보기도 하였습니다. 주님의 은혜가 우리에게 넘칠 때 우리는 어떤 환경 가운데서도, 어떤 고난 가운데서도 웃음의 여유를 가질 수 있습니다.

우리에게 중요한 것은 웃음을 삶에서 실천해야 한다는 것입니다. 그 웃음은 가난할 때나 부요할 때나, 좋을 때나 그렇지 못할 때도 동일해야 합니다. 조건이 바뀌었다고, 신분이 바뀌었다고 웃음에 영향을 주는 것은 아닙니다. 셋방살이하면서 웃지 못하는 자는 좋은 집을 얻고서도 웃지 못합니다. 개척교회를 하면서 행복해하지 못하면 대형교회에서도 행복할 수 없습니다. 어느 상황이든, 어느 위치에 있든 우리는 웃는 자가 되어야 합니다. 가장 낮은 위치에서, 가장 힘든 고난의 순간에서 웃을 수 있는 자가 끝까지 웃을 수 있는 자입니다.

우리는 웃음에 관한 관심을 끝까지 가져야 합니다. 웃음은 우리에게 많은 것을 제공합니다. 웃음은 우리뿐 아니라 일반 회사에서도 많은 관심을 기울이고 있는 부분이기도 합니다. 이코노미조선은 '서린바이오사이언스'라는 특별한 회사를 소개하였습니다. 이 회사가 특이한 것은 전 직원이 웃음트레이너 자격증을 가지고 있으며, 하루에 두 번 '웃음페스티벌'을 한다는 것이었습니다. 그들이 이처럼 웃음에 집중한 것은 웃음이 가진 수많은 장점 때문이었습니다. 웃음은 자신감과 창의성을 상승시켰으며, 열린 마음과 열린 사고를 가능하게 하였습니다. 그뿐 아니라 웃음은 신체도 활성화시켜 건강하고 쾌적한 사무 환경에 큰 도움이 되었습니다.[11] 이처럼 웃음은 기업에서도 없어서는 안 될 중요 요소로 이해됩니다.

우리 조상들 역시 웃음에 주의를 기울였습니다. 따라서 조상들은 옛적부터 '웃으면 복이 온다'는 말로 웃음을 강조하였습니다. 이처럼 웃음은 우리 삶과 밀접하게 연결되어 있습니다. 웃음은 우리의 건강에 직결되며 행복한 삶의 척도가 되기 때문입니다.

웃음이 건강에 미치는 유익에 관해서는 과학학계에서도 인정하는 바입니다.

미국 스탠퍼드 대학교 과학자들은 학술지 〈뉴런(Neuron)〉에 "웃음은 스트레스를 극복하게 한다"고 소개하였습니다. 그것은 웃음이 뇌의 보상계에 관여하는 신경망을 강화시켜, 웃을 때 암페타민이 주입

---

11. '하루 두 번 웃음 페스티벌…신입사원 사로잡은 기업문화', 〈조선비즈〉, 2018. 7. 2

되었을 때와 같은 동일한 효과를 주기 때문이라고 합니다.[12]

이처럼 웃음은 우리 건강과 삶에 막강한 영향력을 제공합니다. 따라서 우리는 웃음을 실천하기 위해 노력해야 할 것입니다. 그렇다면 우리가 삶 가운데서 웃음을 실천하기 위해 해야 할 일은 무엇이라고 생각하십니까? 저는 이를 위해 가장 중요한 것은 하나님 안에 거하는 것이라고 생각합니다.

하나님 안에 거하라

스펄전은 '주 안에서 항상 기뻐하라'는 말씀을 실천하기 위한 10가지 현을 제시하였습니다. 그중에서 그가 첫 번째로 중요하게 제시한 현은 '하나님을 알고 그분 안에 거하는 것'이라 소개하였습니다.[13] 하나님을 알고 그 안에서 기뻐하는 것은 우리가 순종해야 할 첫 번째 의무입니다. 하나님을 알지 못하고 기뻐하는 것은 죄를 향해 나아가는 지름길이 되기도 합니다. 우리의 웃음을 위한 첫 번째의 실천은 하나님을 알고 그 안에 거하는 것이어야 합니다. 우리는 끊임없이 하나님의 은혜를 구하며 말씀 안에서 하나님 알기를 소망해야 합니다.

---

12. 이상헌, 『마음이 기쁘면 몸이 춤춘다』 pp.144-145. 재인용.
13. 찰스 스펄전 『기쁨, 기쁨이 가득한 오늘』 임종원 역 (서울: 브니엘, 2017), p.234.

하나님과의 교제를 소홀히 하면서 기쁨이 넘치는 삶을 소망하는 것은 어리석은 모순입니다. 하나님이 없는 기쁨은 없습니다. 하나님과 관계없이 기쁨을 찾다가는 결국 죄의 길로 나아가게 될 것입니다. 따라서 기뻐하는 삶을 원하는 자는 하나님 안에 거하기를 힘써야 합니다. 우리가 하나님을 찾으며 날마다 하나님을 경험할 때 우리는 참다운 웃음을 실천하게 될 것입니다.

우리가 웃음을 실천하기 위해 해야 할 두 번째 일은 '하나님의 주권을 확신하는 것' 입니다.

하나님의 주권을 확신하라

우리가 하나님의 주권을 확신할 때 우리는 어떤 환경에서도 웃을 수 있습니다. 우리의 아버지이신 하나님이 만유를 다스리시는 주권자라는 사실은 우리로 언제 어디서든 담대하게 합니다.

> 여호와께서 그의 보좌를 하늘에 세우시고 그의 왕권으로 만유를 다스리시도다 시 103:19

하나님은 크신 하나님으로서 땅의 깊은 곳도, 산의 높은 곳도 하나님의 것이며, 바다도 땅도 하나님의 것입니다(시 95:3-6). 하나님은 섭리로서 만물을 다스리는 왕이십니다. 우리의 하나님이, 우리의 아버지께서 만유를 다스리시며 우리 또한 그 다스림 안에 있습니다. 우리를 사랑하시는 하나님은 우리를 향한 하나님의 선하신 계획을 하나씩 시행하실 것입니다. 그렇기 때문에 우리는 하나님을 신뢰하고 하나님이 우리를 선하게 인도하실 것임을 확신해야 합니다. 이와 같은 확신은 우리로 담대하게 할 뿐 아니라 모든 순간에 평안으로 웃을 수 있게 합니다. 이제 우리가 할 일은 웃음을 실천하는 것입니다.

웃음을 실천하라

토미 뉴베리는 '진정한 근원을 알라', '남을 용서하라. 한 명도 빼놓지 말고!', '자신을 용서하라. 최대한 빨리 자주', '하나님이 주신 장점에 집중하라', '부정적인 내면의 대화 대신 기쁨의 대화를 시작하라', '자신을 철저히 가꾸라', '하나님이 원하시는 자신의 모습을 골똘히 생각하라', '지금 기쁨으로 행동하라'라는 기쁨의 잠재력 8단계를 소개합니다.[14] 저는 이를 바탕으로 우리가 실천해야 할 웃음을 7단계로 소개하고자 합니다.

---
14. 토미 뉴베리 『기쁨 충만한 삶의 비결 4:8』 pp.79-94.

1단계 : 웃음은 하나님으로부터 시작됩니다.

우리의 웃음은 하나님으로부터 시작됩니다. 우리의 기쁨은 오직 하나님의 사랑 안에서만 나올 수 있습니다. 이를 이해하지 못할 때 우리는 현세적인 기쁨과 육적인 쾌락에 집중하게 됩니다. 하나님과 관계없는 기쁨은 일시적이요, 파괴적인 결과만을 가져올 뿐입니다. 그러므로 우리는 하나님을 알아야 합니다. 그리고 그 하나님 안에 거하여야 합니다. 우리가 하나님을 알 때 믿음의 조상들이 가졌던 기쁨의 환한 웃음을 갖게 될 것입니다. 그 웃음은 그 누구도 빼앗을 수 없는 영원한 즐거움입니다.

2단계: 용서가 출발점입니다.

우리에게 해를 끼친 사람, 마음에 상처를 준 사람들을 용서해야 합니다. 용서는 단순히 용서한다는 말 한마디로 끝나지 않습니다. 마음으로 용서해야 합니다. 우리에게 해를 끼치고 상처를 준 사람을 용서한다는 것은 쉬운 일이 아닙니다. 이 상처는 평생 우리를 괴롭히는 고통이 되기 때문입니다. 우리는 이 상처를 예수님의 십자가 앞에 끌고 와야 합니다. 나를 위해 죽으신 예수님을 기억하고 이 문제를 예수님 앞에 내려놓아야 합니다. 우리의 증오와 미움의 대상을 주 예수 그리스도의 이름으로 용서해야 합니다. 그러할 때에 우리는 우리 안에 있는 증오의 마음과 분노의 감정으로부터 자유할 수 있습니다. 그러할 때에 우리는 주님 안에서 우리 마음에서 잊혔던 웃음을 되찾는 놀라운 기적을 누리게 됩니다.

3단계: 자신도 용서의 대상입니다.

우리는 자신도 용서의 대상임을 인정해야 합니다. 자신을 용서하지 못할 때 우리는 죄책감의 깊은 수렁에 빠지게 됩니다. 이 수렁은 우리로 하여금 과거에 얽매이게 합니다. 과거의 잘못은 결국 현재를 묶는 족쇄가 됩니다. 우리는 예수님 안에서 자신을 용서해야 합니다. 우리를 향해 죄 사함을 선포하신 주님의 음성에 귀를 기울여야 합니다. 사탄은 주님이 용서하신 우리의 과거를 찾아 우리를 계속해서 괴롭히고 예수님의 용서를 무효화하려 합니다. 사탄의 세력에서 자유로울 수 있도록 우리의 자신에 관한 죄 용서도 주님께 모두 드려야 할 것입니다.

4단계: 하나님이 주신 장점을 찾으십시오.

우리는 자신에 대해 긍정적인 마음을 가져야 합니다. 우리는 자신을 너무 엄격하게 대합니다. 웃을 수 없는 이유들을 자신이 스스로 만들고 평가하며 절망합니다. 하지만 아닙니다. 하나님은 우리에게 많은 장점을 주셨습니다. 우리는 우리 안에 하나님이 주신 장점이 무엇인지 살펴야 합니다. 이 장점을 찾아 우리는 우리를 긍정적으로 바라보아야 합니다. 그리고 우리 안에 웃을 수 있는 이유가 무엇인지

확인해야 합니다. 우리가 하나님이 주신 장점에 집중하고 이를 적극 활용할 때 우리는 웃음의 사람이 될 수 있습니다. 이와 같은 모습은 우리를 보는 많은 사람들에게도 웃음을 전하는 긍정의 에너지가 될 것입니다.

5단계: 자신에게 긍정적인 웃음을 명하십시오.

우리의 말에는 놀라운 능력이 있습니다. 그것은 자신의 말에 따라 스스로가 규정된다는 것입니다. 자기 자신을 향한 부정적인 말은 곧 우리를 낙심하게 하며 절망하게 합니다. 마음속에 부정적인 생각이 가득 차면 긍정적인 기쁨은 우리 가운데서 사라지게 됩니다. 우리는 우리 자신에게 명하여 스스로 기쁘게 여기도록 훈련할 필요가 있습니다. 시편 기자는 낙담하는 자기 자신을 명령함으로 하나님께 나아갔습니다.

> 내 영혼아 네가 어찌하여 낙심하며 어찌하여 내 속에서 불안해 하는가 너는 하나님께 소망을 두라 그가 나타나 도우심으로 말미암아 내가 여전히 찬송하리로다 시 42:5

자기 자신을 향해 언제나 기쁨의 말을 할 수 있도록 스스로 격려하십시오. 긍정적인 말로 스스로 웃도록 기쁨의 대화를 시도하십시오. 그러면 당신은 조금씩 긍정의 사람, 웃음의 사람으로 변화될 것입니다.

6단계: 철저한 자기 관리가 필요합니다.

우리가 우리 자신에 관해 느슨할 때 문제가 생깁니다. 다윗을 보십시오. 그는 목숨이 위협받는 도망자의 삶을 살 때 언제나 경건하였습니다. 하지만 이스라엘의 왕으로 세워지고 그의 지위가 안정이 되자 나태가 그를 찾아왔습니다. 부하들을 격전지로 보내고 자신은 나른한 오후를 보냈습니다. 이때 그의 마음에 음란이 찾아왔고, 이 죄를 덮기 위해 결국 살인을 교사하는 극단적인 범죄를 저지르게 되고 말았습니다(삼하 11장). 이 모두가 자신을 철저히 관리하지 않았기 때문입니다.

우리는 결코 나태에 빠져서는 안 됩니다. 내가 이만큼 힘들었으니 쉼을 보상받아야 한다는 논리로 죄를 끌어들이게 해서는 안 됩니다. 죄가 우리 안으로 들어오지 않도록 우리 생활을 철저히 경건하게 관리하며 가꿔나가야 합니다. 우리가 우리 자신을 관리하고 가꿀 때 우리는 하나님이 기뻐하시는 웃음의 사람이 될 것입니다.

7단계: 바로 행동하십시오.

웃음은 즉각적인 행동을 필요로 합니다. 머릿속으로만 생각하는 웃음은 웃음이 아닙니다. '그래, 웃자!'라고 생각한다고 해서 웃어지는 것이 아닙니다. 강력한 실천이 필요합니다. 우리에게 비록 웃음을 만들 수 있는 행복의 시간이 즉시 주어지지 않더라도 웃음을 실천해야 합니다. 웃을 수 없는 상황 속에서도 믿음으로 결단하며 웃고 또 웃고… 계속해서 웃다보면 어느 순간 그 웃음은 진정한 웃음으로 실제화 되고 우리의 고백이 될 것입니다. 웃음은 우리뿐 아니라 우리를 바라보는 사람들에게도 강력한 영향을 끼치게 됩니다. 우리는 웃는 가운데 주님이 우리에게 주신 하늘의 기쁨을 맛보며, 이웃에게도 하나님의 사랑을 전하는 은총을 누리게 될 것입니다.

영원한 웃음으로 웃어라

우리가 하나님 안에 거하며, 하나님의 주권을 확신하는 가운데 웃음을 실천해야 하는 이유는 웃음이 그리스도인의 정체성이 되기 때문입니다. 세상 사람들은 웃지 않는 그리스도인을 진정한 그리스도인으로 인정하려고 하지 않습니다. 언제나 찡그린 얼굴, 무뚝뚝한 얼굴로 대하는 사람을 결코 그리스도인이라고 생각하지 않습니다. 웃음을 잃은 그리스도인의 얼굴은 삶에 지치고 근심에 겨워 절로 얼굴이 찡그려지는 자신들과 별반 다를 것이 없다고 생각하기 때문입니다.

그들의 머릿속에 있는 그리스도인은 얼굴에 미소를 머금고 상냥하게 대하는 사람들입니다. 비록 그들이 복음에 당장 반응하지 않는다 할지라도 우리의 모습 가운데서 그들은 역경 중에도 웃을 수 있는 숨은 비결을 찾고 싶어 할 것입니다. 따뜻한 웃음, 상냥한 웃음, 친절한 웃음, 즐거움의 웃음은 그리스도인의 웃음을 설명하는 다양한 형식이라 할 수 있습니다. 우리는 결코 웃음을 중단해서는 안 됩니다. 우리가 세상에 그리스도를 증언하는 증언자로서, 복음을 전하는 전파자로서 살아갈 때 가장 중요한 무기는 바로 웃음입니다.

세상 사람들도 웃는 얼굴에 침 못 뱉는다고 말하곤 합니다. 이것은 웃음이 가진 마력적인 힘을 말합니다. 웃음에 담긴 복음은 세상 사람들이 납득하는 귀한 보배로 인정받게 될 것입니다. 우리가 웃어야 할 웃음은 바로 '영원한 웃음'입니다. 이 웃음은 하나님의 자녀라면 결코 멈출 수 없는 행복의 웃음입니다.

인사와 웃음

Be joyful always; pray continually; give thanks in all circumstances.

　제가 다니는 동탄시온교회 표어는 '인사만 잘해도 먹고는 산다' 입니다. 처음 이 표어를 듣게 되었을 때 거부감도 없었고 늘 듣던 말 같아 익숙했습니다. 제가 어렸을 때 이야기를 잠시 들려드리자면 인사에 관해 저희 부모님께서는 이런 이야기를 해주시곤 하셨습니다. 저희 3남매가 부모님과 시장에 가면 부모님 뒤에 졸졸 따라가던 저희는 어느새 부모님과의 거리가 저만치나 멀어진다고 하셨습니다. 이유인즉, 시장에 장을 보러 나오신 어르신들께 한 분 한 분 인사를 하느라 부모님을 놓치기 일쑤였다고 합니다. 동네에선 어른들께 인사를 하면 "김 아무개 딸이구나" 하시며 인사를 받아주곤 하셨고, 딸기로 유명한 논산이 고향인 저는 인사를 잘한다는 이유로 동네 어르신들께서 직접 재배하신 딸기를 몇 바구니씩 가져다주곤 하셨습니다. 그렇게 부모님께 교육받고 자라온 저는 자연스레 인사를 잘하게 되었고, 동탄시온교회에 와서 인사를 좋아하시는 하근수 목사님을 뵙게 되었습니다.

　인사와 웃음, 무슨 상관이 있냐고요? 인사는 웃음 없이는 절대 자연스러운 인사가 될 수 없는 것 같습니다. 저는 예쁘지 않습니다. 저는 날씬하지도 않습니다. 하지만 요즘 이상하리만큼 "예쁘다", "귀엽다"라는 말을 자주 듣습니다. 참 이상합니다. 예쁘지도 날씬하지도 않는 제가 이런 말들을 듣습니다. 그런데 작은 봉사를 하면서 그 해답을 찾은 것 같습니다.

 반가워서 인사했고, 즐거워서 웃었던 제 모습이 예쁘고 귀여워 보이셨나 봅니다. 저는 요즘 너무 행복합니다. 주님을 향한 사랑이지만 결국 제가 더 행복하고 제가 더 많이 사랑받는다는 느낌에 한없이 감사한 요즘입니다.

김민정 집사

웃음이 넘치는 교회학교

Be joyful always; pray continually; give thanks in all circumstances.

저희 부부는 유년부(1-2학년) 교사를 하고 있습니다. 예배가 끝나고 귀가 지도를 하고 있는데 조심스레 1학년 녀석이 저에게 오더니 "선생님 우리 선생님이랑 친해요? 사귀죠?"하며 호기심 어린 눈으로 쳐다봅니다. 아마도 자기반 담임선생님인 아내와 나의 관계가 의심스러웠나 봅니다. 이 개구쟁이 녀석에게 어떻게 설명해야 이해할지 순간 고민이 됩니다. 신랑 각시는 너무 예스러운 말 같고, 엄마 아빠도 아닌 것 같았습니다. 또한 부부란 말도 아이에게는 너무 어려울 것 같았습니다. 너무 궁색하니 갑자기 나온 말이 "응! 한집에 살아"였습니다. 그 순간 그 녀석이 환한 미소를 지으며 한마디 합니다.

"에이~ 결혼했네요.", "맞아, 이게 정답이네."

그 소리에 주위에 있던 분들과 함께 한참 웃었습니다. 그 때문인지 1학년 꼬마 친구들만 보면 저도 모르게 미소가 나오고 더욱 친근감이 생기며 행복합니다. 이런 재미에 교사할 맛이 납니다. 그 녀석을 볼 때마다 그 생각에 웃음이 절로 나옵니다.

유동찬 권사, 김혜경 권사

에필로그

'그래도 웃어보세요'와 '웃는 자가 이긴다'는 지금까지 제 목회 인생 가운데 중요하게 강조해왔던 실천 사항입니다. 저의 목회는 언제나 행복했고 웃음이 가득했습니다. 저는 웃음이란 결코 목회와 분리될 수 없다고 생각합니다. 그것은 앞에서도 설명했던 것과 같이 웃음을 시작하신 분도, 웃음을 우리에게 주신 분도, 우리를 웃게 하시는 분도 하나님이시기 때문입니다.

우리가 이 땅, 이 세상만을 바라본다면 우리는 결코 웃을 수 없습니다. 이 세상은 우리에게 웃음을 허락하지 않습니다. 세상은 절망 가운데 하나님을 포기하며 세상의 즐거움에 빠지게 합니다. 하지만 하나님은 우리로 승리하도록 인도하시고, 고난 가운데 연단하십니다. 우리가 어떠한 상황 가운데서든지 웃을 수 있는 이유는 하나님이 힘주시는 은혜를 얻기 때문입니다. 예수님은 우리에게 그 길을 보여주시고 격려하시며 중보하십니다. 성령님의 구체적인 인도와 은혜의 손길은 우리로 은혜의 길을 걷게 하십니다.

우리가 주님을 따름에 있어 잊지 말아야 하는 것은 우리가 그리스도인이라는 사실이 웃음을 통해 증명된다는 사실입니다. 우리의 웃음 가득한 즐거운 삶은 주님이 기뻐하시는 삶인 동시에 주님을 전하는 가장 좋은 길이 됩니다. 많은 사람들은 우리의 웃음이 넘치는 삶을 보고 은혜를 받는 동시에 주님을 찬양하기 때문입니다.

우리가 주님과 영원히 함께할 하나님 나라를 소망한다면 이 웃음을 결코 멈춰서는 안 됩니다. 우리는 매일의 삶에서 기쁨을 고백하며 이 기쁨을 실천해야 할 것입니다.

"그래도 웃어보세요!"
"웃는 자가 이긴다!"

그래도 웃어보세요

초판 발행 2018년 11월 19일

지은이	하근수
펴낸이	박상민
디자인	박소린

펴낸곳	토브북스
출판등록	제 2018-000007호.(2018. 1. 15)

주소 　경기도 안산시 단원구 화정천동로1길 18-1, 401호
문의전화 　010-7766-0194

ISBN　979-11-963121-2-1　03230
값　　12,000원

「이 도서의 국립중앙도서관 출판예정도서목록(CIP)은 서지정보유통지원시스템 홈페이지(http://seoji.nl.go.kr)와 국가자료공동목록시스템(http://www.nl.go.kr/kolisnet)에서 이용하실 수 있습니다.(CIP제어번호: CIP2018035922)」